Historisch-literarischer Zweigverein des Vogesen-Clubs

Jahrbuch für Geschichte, Sprache und Litteratur

Elsass-Lothringens

1889

Historisch-literarischer Zweigverein des Vogesen-Clubs

Jahrbuch für Geschichte, Sprache und Litteratur Elsass-Lothringens
1889

ISBN/EAN: 9783741173158

Hergestellt in Europa, USA, Kanada, Australien, Japan

Cover: Foto ©Andreas Hilbeck / pixelio.de

Manufactured and distributed by brebook publishing software
(www.brebook.com)

Historisch-literarischer Zweigverein des Vogesen-Clubs

Jahrbuch für Geschichte, Sprache und Litteratur

Elsass-Lothringens

JAHRBUCH

FÜR

GESCHICHTE, SPRACHE UND LITTERATUR

ELSASS-LOTHRINGENS

HERAUSGEGEBEN

VON DEM

HISTORISCH-LITTERARISCHEN ZWEIGVEREIN

DES

VOGESEN-CLUBS.

V. JAHRGANG.

———

STRASSBURG

J. H. ED. HEITZ (HEITZ & MÜNDEL)

1889.

Inhalt.

Seite

I. Günthers von Pairis Historia Constantinopolitana oder die
Eroberung Constantinopels 1205 von wo, unter anderen
Reliquien, ein grosses Stück des heiligen Kreuzes
nach Deutschland gebracht worden ist. Deutsch von
Theodor Vulpinus   1

II. Das Elsass bei dem Ausbruch der französischen Revolution, von J. Rathgeber   57

III. Landsknechte und Hofleute in elsässischen Dramen des
16. Jahrhunderts, Auszüge von E. Martin   90

IV. Die zwei Schlösser Bilstein, von Ed. Ensfelder . .   107

V. «Das Vaterunser so im Elsass anno 1610 ist gebetet worden
von den Bauern,» von Alcuin Hollaender . .   112

VI. Gedichte, von Adolf Stöber   115

VII. Münsterthäler Anekdoten, von J. Spieser   127

VIII. Zillinger Sprachproben, von J. Spieser   133

IX. Drei Mitforschern zum Gedächtnis, von E. Martin . .   141

X. Volkstümliche Feste, Sitten und Gebräuche in Elsass-
Lothringen 1888   151

XI. Chronik für 1888   161

XII. Sitzungsprotokolle   162

I.

Günthers von Pairis

Historia Constantinopolitana

oder

Die Eroberung Constantinopels 1205

von wo, unter anderen Reliquien,

ein grosses Stück des heiligen Kreuzes nach

Deutschland gebracht worden ist.

Deutsch von

Theodor Vulpinus.

Vorwort.

Um das Jahr 1216 trat in die berühmte Cistercienserabtei Pairis bei Urbeis (Kreis Rappoltsweiler) ein Mann ein, der die Blüte der Jahre längst hinter sich hatte und in der Stille des Klosters Trost suchte für manche Enttäuschung des Lebens. Er nannte sich G ü n t h e r (Guntherus), stammte aus dem Elsass oder doch aus den oberrheinischen Landen und war in seiner Jugend Weltgeistlicher und Schulmann, ja Prinzenerzieher gewesen.

Um 1185 hatte er sein lateinisches Erstlingsgedicht geschrieben; es trug den Titel «S o l i m a r i u s» (das Buch von Jerusalem), schilderte den ersten Kreuzzug und war seinem fürstlichen Zögling K o n r a d, dem vierten Sohne Kaiser R o t - b a r t s, gewidmet. Von diesem Gedichte sind nur 232 Verse erhalten; Wattenbach hat sie 1876 in der Bibliothek des Gymnasiums zu Köln entdeckt; vorher galt das Werk als ver-

1

loren. Dagegen ist das Hauptwerk Günthers, der Ligurinus
(das Buch von Ligurien=Oberitalien), ein Epos in 10 Büchern,
welches (dem Kaiser Friedrich und seinen fünf Söhnen
zugeeignet) die Thaten Barbarossas in den Jahren 1152 bis 1160
feiert und schon fünf Monate nach dem Solimarius vollendet
war, bereits 1507 von dem Humanisten Konrad Celtis in dem
fränkischen Kloster Ebrach aufgefunden und seitdem wiederholt herausgegeben worden. Dieses Buch hat die merkwürdigsten
Schicksale durchgemacht; in der Blütezeit des Humanismus
wurde es wegen seines dichterischen Wertes und um des
vaterländischen Stoffes willen hoch gepriesen und in allen
gelehrten Schulen gelesen; bald stritt man dann um Namen
und Heimat des Verfassers und kam schliesslich dahin, es als
— eine Fälschung des Celtis zu erklären. Erst in unserer Zeit
ist das Buch wieder zu Ehren gekommen; Dr. Pannenborg in
Göttingen hat anerkannt siegreich seine Echtheit und die
Verfasserschaft Günthers nachgewiesen. [1]
  Aber zu seinen Lebzeiten hatte der arme Günther offenbar
keinen Pannenborg, der ihn zu Ehren gebracht hätte. Der
Kaiser scheint sich um den Dichter nicht gekümmert und
auch der «Alumnus» Konrad den Lehrer seiner Jugend vergessen zu haben. Ob Günther vielleicht selbst schuld daran
war, muss dahingestellt bleiben. In seiner letzten Schrift (« de
oratione, jejunio et elemosyna»: vom Beten, Fasten und
Almosengeben, um 1222) erzählt er, dass ihn schon zehn Jahre
vor dem Eintritt ins Kloster (also um 1206) der heilige Geist
ermahnt habe, die Welt zu verlassen. Wo er von 1186 bis 1216
gewesen, und was er in dieser Zeit geschrieben hat, wissen
wir nicht. Es werden für ihn wohl zum Teil Jahre allmählichen Verzichtes auf weltliche Ehren und dichterischen Ruhm
gewesen sein.
  Auch das nachstehend ins Deutsche übertragene Werk
Günthers, seine «historia Constantinopolitana»,
ist, wie das eben erwähnte «de oratione etc.» bereits im
Kloster entstanden und zwar um das Jahr 1218. Es wurde
zuerst 1604 von Canisius herausgegeben, aber ohne die zu
jedem Abschnitte gehörigen Verse, welche zumeist gereimte,
sogar oft mehrfach gereimte Hexameter sind. Eine voll-
ständige Ausgabe verdanken wir dem Grafen P. Riant (1875),

---

[1] Eine deutsche metrische Uebersetzung des Ligurinus wird
demnächst im Verlag von Heitz und Mündel erscheinen. — Eine
zusammenfassende Darstellung des gelehrten Streites über den Ligurinus giebt Wattenbach im zweiten Bande von «Deutschlands Ge-
schichtsquellen im Mittelalter», S. 256 ff.

der dazu drei Handschriften benützte : 1. eine Münchener
(ohne die Verse : die Vorlage des Canisius), 2. eine gleichfalls
auf der K. Bibliothek in München befindliche, die sich als
Abschrift eines dem Kloster Pairis selbst gehörigen Codex giebt,
und 3. die der Colmarer Stadtbibliothek (beendigt am
3. September 1460).

Mit der Sprache des Ligurinus verglichen ist die historia
Constantinopolitana das Werk eines alten Mannes ; auch die
Verse zeigen meist mehr Künstlichkeit als Kunst, und in der
Verherrlichung des Abtes Martinus ist ohne Zweifel des Guten
zu viel gethan. Aber das Buch gilt als eine der besten Quellen
der Geschichte des vierten Kreuzzuges und wird
von den Freunden dieser Blätter als ein ehrwürdiges Alsaticum
gewiss mit Anteil gelesen werden. Mich selbst hat die Beschäf-
tigung mit ihm ausserordentlich angesprochen. Es war mir
dabei zu Mute wie einem Maler etwa, der ein gutes alt-
deutsches Bild fand und nun kunstbehaglich es nachmalt.
Ueberdies hatte ich in meinem Berufe oft genug den Boden
des alten Pairis besucht und fühlte ‚mich dadurch gewissermassen als einen confrater Günthers, nicht freilich des Mönches,
sondern des weiland «scholasticus».

In seiner Schrift de oratione klagt Günther sehr über
Kränklichkeit und Gebrechen des Alters. Er wird auch schwerlich das Jahr 1222 lange überlebt haben. Sein Todesjahr ist
nicht zu ermitteln. In einem auf dem Colmarer Bezirks-
archiv befindlichen Totenbuch der Abtei Pairis (tabulae mor-
tuorum Parisiensium Christi fidelium a Fr. Bernardino
Abbat. Mulbr. et Parisiensi, 1650), welches die Namen der
verstorbenen Wohlthäter des Klosters, darunter auch die einiger
einfacher Mönche, enthält, steht der Name Günthers nicht
verzeichnet. Er scheint also zu den unbemittelten Brüdern
gehört zu haben und als solcher gestorben zu sein. Th. V.

I.

Alles, was in der Kraft Gottes geschieht, verdient volle
Bewunderung ; doch muss es wunderbar sein, wenn wir es
als göttlich anerkennen sollen. Namentlich pflegen wir Heldenthaten zu bewundern, welche die Kraft Gottes durch demütige Personen zu offenbaren geruht, durch Menschen, die
in sich selbst tief demütig sind und bei den anderen als
weniger geeignet gelten für grosse Dinge. Deshalb ist es auch
weit wunderbarer, dass die Kinder Israel durch Moses, den
stillen, demütigen Mann, der die Schafe seines Schwiegervaters

Jethro weidete, aus der Tyrannei Pharaos und dem eisernen
Schmelztiegel der ägyptischen Knechtschaft erlöst wurden, als
wenn das Volk durch einen tapferen König mit starker Hand
und vielen tausend Gewappneten gerettet worden wäre. Ebenso
erfasst uns grösseres Staunen, dass die Welt durch thörichte
Leute und arme, ungebildete Fischer den ganz neuen, unbe-
kannten christlichen Glauben empfing, als wenn durch das
Ansehen des Kaisers Augustus oder die Wissenschaft Platos
oder die Beredsamkeit eines Demosthenes und Cicero
die christliche Religion die Geister gewonnen und sich fortge-
pflanzt hätte. Je weniger Platz eben die Werke Gottes der
menschlichen Kraft einräumen, um so herrlicher strahlt aus
ihnen die Erhabenheit göttlicher Macht hervor. Eben darum
möge es auch gestattet sein, in anspruchslos einfacher Schreibweise, in gleichsam handgreiflicher Sprache Heldenthaten zu
schildern, welche Gott in unseren Tagen durch einen bescheidenen, demütigen Mann zu vollbringen geruhte, zum Lob und
Preis seines heiligen Namens, zum frommen Gedächtnis eben
jenes Mannes, zum ewigen Heil unseres Klosters, zur Ehre und
Freude der ganzen deutschen Nation oder — was noch mehr
sagen will — zum Trost und Schutz der gesamten abendlän-
dischen Kirche. Und dies Buch unserer Erzählung soll nichts
enthalten, was falsch oder auch nur unsicher wäre, sondern
dem wahrhaftigen und verbürgten Gang der Ereignisse folgen,
ganz so, wie uns der Mann, von welchem wir so viel zu sagen
haben werden, bescheiden und ehrwürdig zugleich, die Geschichte lauter und einfach erzählt hat. Wir wagen es nicht,
das Lob und den Ruhm dieses Mannes so zu schildern, wie er
es verdiente; denn er, der Alles nur Gott zuschreibt und
nichts sucht, was seiner eigenen Person zugeschrieben werden
könnte, würde durch solche Lobeserhebungen sich gekränkt
fühlen. Und doch werden wir nicht alles verschweigen können,
weil wir uns sonst offenbar an Gott versündigten, durch dessen
Wirkung ja die Thaten vollbracht worden sind und der seine
Demütigen zu erhöhen pflegt. Deshalb wollen wir nach beiden
Richtungen hin unserer Feder Mass gebieten und darauf bedacht sein, dass einerseits die Grossthaten Gottes, die durch
unseren Helden geschehen sind, offenbar werden, und andererseits dieser selbst in seiner Demut ungekränkt bleibe. — Wem
also dies Büchlein in die Hand und unter die Augen kommt,
der möge es eifrig lesen und den Ereignissen, von denen es
handelt und die man genau betrachten muss, ein geschicktes,
empfängliches Herz entgegenbringen. Er wird grosse, herrliche
Dinge darinnen finden, die nur auf göttliches Geheiss und auf
keine andere Weise vollbracht werden oder sich zutragen konnten.

Eben deshalb wollen wir auch den Leser zum voraus ermahnen, wenn er hier und dort auf Seiten unseres Volkes
Thaten erschauen wird, die gegen die Frömmigkeit sind, trotzdem nicht zu zweifeln, dass auch derartiges mit dem Willen
Gottes geschehen ist, der doch immer ein gerechter Wille bleibt.

Männiglich höre die Fülle der Freude, die jetzt ich enthülle;
Möge zur Ehre allein Gottes die Arbeit gedeih'n!
Herrliche Gottesgeschenke, Trophäen des Himmels, ich denke,
Freude benenn' ichs mit Fug, dass man nach Pairis sie trug! —
Von dir ward es vollendet, du hast das Gelingen gespendet.
Dir, nach deinem Geheiss, sagen, o Christus, wir Preis!
Heilger Erinnerung Zeichen vom Kreuz, du lässt sie uns reichen
Und hast jeglicher Zeit Altes uns Neuen bereit!
Was vor Jahren geschehen, wie neu stets sollen wir's sehen,
Und kein Dunkel der Nacht hülle, was hell du vollbracht!
Unsere Zeit darf sagen: «Was kein Jahrhundert getragen,
Und kein kommendes trägt, ward in den Schoss mir gelegt!»
Glücklich, fürwahr, ist hienieden der Mann, dem zu schauen
beschieden,
Was hier, lauter bewährt, unseren Augen bescheert!
Unsere Herzen erheben und dürfen in Wonne doch schweben,
Fröhlichen Lichtglanz schau'n mitten in heiligem Grau'n! —
Nicht grossartig zu schreiben es gilt, doch, redlich zu bleiben
Nur auf der Wahrheit Bahn, wie ich es immer gethan!
Sei die erhabene Stärke der Wahrheit günstig dem Werke,
Und der Alles verlieh, lasse verkünden mich sie!

II.

Um die Zeit, als der berühmte Prediger **Fulko** aus **Paris** 1200
alle Völker der Franken und ganz Flandern, die Normandie
und Britannien und die übrigen Provinzen durch seine Predigten
anfeuerte, dem heiligen Land und der herrlichen Stadt Jerusalem, die schon lange im Besitz der Heiden war, zur Hilfe
zu kommen, lebte in Oberdeutschland ein Mann, namens **Martinus**, der Abt eines Cistercienserklosters, das im Bistum
Basel liegt und **Paris** heisst. So schien also die Sache gleich
von vornherein etwas Wunderbares zu haben: beide Männer,
jener, der das Kreuz bereits öffentlich predigte, und dieser, der
bald darauf ein Prediger desselben werden sollte, trugen, wie
sie des gleichen Amtes warteten, so auch die gleiche Bezeichnung «Parisienses», der eine vom Namen der Stadt, aus der
er dem Fleische nach abstammte, der andere von dem Kloster,
dem er, wie gesagt, als geistlicher Vater vorstand. Denn beide
Orte, das ebengenannte Kloster, wie die berühmte Stadt der
Franken, heissen ja **Paris**, ein Name, der in der gallischen
Sprache seine eigene Ableitung hat, in der deutschen aber daher

zu kommen scheint, dass die ersten Mönche, welche vom Kloster
L ü t z e l ¹ zur Urbarmachung der Gegend abgesandt worden
waren, nichts fanden als einen öden, kalten Ort, das «haare
Eis» (= Bareis, Paris). Jetzt aber steht dort durch die Gnade
Gottes, der seine Armen erhöht und vorwärts bringt, eine berühmte Kirche, mit Besitzungen und Lehen begabt, von schmucken
Gebäuden umgeben und, was wichtiger ist als dies alles, Tag
und Nacht dem göttlichen Dienste geweiht. — Der genannte
Abt war ein Mann von gereifter Gesinnung, aber freundlichem
Antlitz, klug im Rat, leutselig im Umgang, anmutig beredt,
mild und demütig unter seinen Mitbrüdern, so dass er ihnen
allen, wie auch den Laien, bei denen er in hohem Ansehen
stand, lieb und wert galt. Von dem Papst I n n o c e n z , der
damals als der dritte dieses Namens auf dem heiligen Stuhle
sass, erhielt er den Auftrag, unverzüglich selbst das Zeichen
des Kreuzes zu nehmen und es auch den Leuten jener Gegend
öffentlich zu predigen. Er kam diesem doppelten päpstlichen
Auftrag nach und ergriff das Wort unverdrossen und voll Ver-
trauens, zur allgemeinen Verwunderung, weil er für einen
Mann von zarter Körperbeschaffenheit galt, der so grossen An-
strengungen nicht gewachsen sei. So hielt er auch in seiner
Vaterstadt B a s e l (ein griechischer Name, zu deutsch: die
Königsstadt) in der berühmten Kirche der allerseligsten Jungfrau
Maria eine Rede an Klerus und Volk. Eine grosse Menge,
Geistliche und Laien, war dort zusammengeströmt, aufgeregt
durch die umlaufenden Neuigkeiten. Sie hatten zwar längst
gehört, dass in den anderen Landen umher das Volk durch
häufige Predigten zum Kriegsdienst für Christus ermuntert
werde; aber in diesen Gegenden hatte noch niemand die Sache
in die Hand genommen, weshalb eben Unzählige, die innerlich
bereit waren, den Fahnen Christi zu folgen, voll Sehnsucht auf
eine Kreuzpredigt warteten. So standen sie denn alle gespannten
Ohres, den Blick auf den Redner geheftet, und harrten begierig,
was er in der Sache verlangen oder ermahnen, und was er
den Willigen von der göttlichen Gnade versprechen werde.

Als er gewahrte das Volk in der Kirche, die zahllose Menge,
Priester und Lai'n, in dem heiligen Raum ein dichtes Gedränge,
Ward es ihm fröhlich zu Mut, als ob er die Sichel schon schwänge
Goss er sich aus in Gebet und Gelübden, dass alles gelänge,
Was er als nötig erkannt, und der Herr die Gemüter ihm zwänge.
Dann liess gleiten die Augen er rings mild, wie sich gebührte,
Ueber die ganze, vom Wunsch, ihn zu hören, hieher nur geführte

---

¹ Im Kreise Altkirch Lützel war das Mutterkloster von Pairis.

Tapfre Versammlung, die, lauschend gespannt, nun Verlangen ver-
spürte,
Heisses Verlangen, wie Durst, und zum Labquell ihn sich erkürte,
Der doch im Antlitz die Freude verbarg, die den Busen ihm rührte.
Und jetzt, wägend im Geiste der Zukunft sichere Zeichen,
Hoffnungen hegend im Herzen, vor denen die Sorgen erbleichen,
Fühlt durchflammt er sich gänzlich von Glut, mit der Sonn' zu
vergleichen,
Und, von dem Wunsche beseelt, dass dem Herrn sie sich geben zu eigen,
Ruft ihn herzlich er an, dem als Führer sie sollen sich neigen.
Dann, nachfolgend dem Meister, der einst mit freundlichem Munde
Weise die Zungen der Stummen gelöst, der den Blöden die Kunde
Göttlichen Willens gepredigt und wirkt bis zur heutigen Stunde,
Sagte dem Vater er Dank und sprach, mit Christus im Bunde,
Seiner Erhörung gewiss, etwa so zu dem Volk in der Runde:

III.

«Ich soll das Wort an euch richten, hochedle Herren, geliebte Brüder! Ich soll das Wort an euch richten, doch nicht
ich rede, sondern Christus! Er ist der Urheber der Worte,
ich bin sein schwaches Werkzeug; Christus selbst redet zu
euch in dieser Stunde durch meinen Mund und klagt euch sein
Unrecht. Vertrieben ist Christus aus seinem Heiligtum, aus
seinem Wohnhaus, verstossen aus jener Stadt, die er selbst
geweiht hat durch sein Blut! Welch ein Jammer! Dort, wo
einstens der Sohn Gottes, seine Zukunft im Fleisch, von den
heiligen Propheten geweissagt worden, wo er geboren ward und
als Kindlein sich darstellen liess im Tempel, wo er wandelte
und predigte und lehrte und Wunder that, wo er mit seinen
Jüngern zu Tische sass und das Sakrament einsetzte seines heiligen Leibes und Blutes, wo er litt und starb und begraben
lag und auferstanden ist nach dreien Tagen, wo er gen Himmel
fuhr vor den Augen seiner Jünger und am zehnten Tage hernach den heiligen Geist über sie ausgoss in feurigen Zungen,
dort herrscht heute die Roheit eines unheiligen Volkes! Welch
Elend! welch Herzeleid! Welch ein Abgrund des Unglücks!
Das heilige Land, das Christi Füsse betraten, wo er die Kranken
heilte, die Blinden sehend, die Aussätzigen rein machte, die
Toten erweckte, es ist in die Hand der Gottlosen gegeben;
zerstört sind die Kirchen, besudelt das Allerheiligste, Haus und
Ehre des Himmelreichs den Heiden anheimgefallen! Das hoch-
heilige, anbetungswürdige Holz des Kreuzes, das Christi Blut
in sich gesogen, wird schmählich verborgen gehalten von Menschen, denen das Wort vom Kreuz eine Thorheit ist, und kein
Christ mag wissen, was damit geschehen ist oder wo man es
suchen soll! Unsere Glaubensbrüder, die in jenem Lande

heimisch waren, sind nahezu ausgetilgt, teils durch das Schwert
des Feindes, teils durch lange Gefangenschaft! Die wenigen,
welche dem Blutbad zu entrinnen vermochten, haben bei Akko
oder in anderen festen Plätzen eine Zuflucht gefunden und
erdulden dort fortwährende Einfälle der Heiden! Das ist die
Notlage Christi, das zwingt ihn, heut euch um Beistand an zu
flehen durch meinen Mund! Auf also, ihr tapferen Krieger,
helft dem Herrn Christus, weiht eure Namen dem christlichen
Waffendienst, eilet in Haufen zum Lager des Heiles! Euch
vertraue ich heute die Sache Christi, euch gebe ich, so zu
sagen, ihn selbst in die Hände, dass ihr ihn wieder einsetzen
sollt in sein Erbe, daraus er grausam verstossen ward! Und
damit ihr nicht erschreckt vor der Uebermacht heidnischer
Wut in unseren Tagen, lasst mich euch erinnern an die Vergangenheit! In der Zeit, da der berühmte Heereszug stattfand
unter der Führung Gottfrieds und anderer Fürsten aus
Frankreich und Deutschland, hatte das Volk der Ungläubigen,
just so wie heute, nach der Ermordung oder Einkerkerung
sämtlicher Christen das ganze Land in seiner Gewalt und die
heilige Stadt Jerusalem und Tyrus und Sidon und Antiochien
und andere feste Städte, ja das sämtliche Land bis Konstantinopel in ungestörtem Besitz seit vierzig Jahren! Und doch
wurde das alles damals nach dem Willen des Herrn in kürzester
Frist, gleichsam im Vorbeigehn, wiedergewonnen durch jenes
Heer, Nicäa, Ikonium, Antiochien, Tripolis und die anderen
Städte erobert, ja Jerusalem selbst, die Hauptstadt des Reiches,
unserem Volke zurückgegeben! Heute dagegen, obgleich ja das
gottlose Gesindel die Hauptstadt und den grössten Teil des
Landes mit Zähigkeit festhält, ist doch Akko unser, ist Antiochien unser, sind ausserdem unser etliche wohlbefestigte
Plätze, und mit ihrer Hilfe, mit Gottes Gnade und unserer
eigenen Kraft, ihr rühmlichen Helden, muss es möglich sein,
auch die heilige Stadt samt allen übrigen wieder in unsere
Gewalt zu bringen! Wenn ihr aber fragt, welch sicheren Lohn
ihr von Gott erwarten dürft für so grosse Leistung, so höret,
was ich fest euch verheisse: Wer das Zeichen des Kreuzes
genommen und aufrichtig gebeichtet hat, soll alsobald rein sein
von aller Sünde und empfangen das ewige Leben, gleichviel
wo und wann und wie er das zeitliche verlieren wird! — Nicht
will ich jetzt davon reden, dass dies Land, nach dem ihr ver-
langt, bei weitem reicher und fruchtbarer ist als das hiesige.
Gar mancher unter euch könnte dort also auch in irdischen
Dingen ein günstigeres Glück finden, als er hier erfahren, so
weit er zurückdenkt! Wollet daraus erkennen, liebe Brüder,
wie herrlich die Aussichten sind auf dieser Wallfahrt: nicht

nur die feste Verheissung, den Himmel zu erben, sondern auch
steigende Hoffnung auf zeitliches Gedeihen! Ich selbst gelobe,
mit euch zu ziehen und, wie es Gott gefällt, Glück und Un-
glück mit euch zu teilen. Kommt, liebe Brüder, und nehmet
mit fröhlichem Herzen das siegreiche Zeichen des Kreuzes!
Führet die Sache Christi treulich zum Ziele, damit ihr für
kurze und kleine Mühsal grossen und ewigen Lohn empfangt!»
So sprach der ehrwürdige Mann, und wer zugegen war,
fühlte sich mächtig erschüttert. Auf seinem Antlitz, wie auf
aller Wangen sah man Ströme von Thränen; Seufzen und
Schluchzen vernahm man und andere Merkmale gewaltiger
innerer Erregung. Wir aber haben diese Rede des Abtes deshalb so sorgfältig wiedergegeben, weil wir nun, obgleich er ja
später noch oft zu diesen und jenen mannhaft gesprochen hat,
keine seiner Predigten mehr mitteilen werden. Wolle man deshalb aus dieser einen Probe ermessen, wie tüchtig er sich
auch bei anderer Gelegenheit gezeigt haben wird.

Als nun der heilige Mann stillschwieg mit geschlossenem Munde
Stürzte die Menge heran voll freudigem Ernst aus der Runde,
Alle bereit, zu empfangen das Kreuz und darunter zu streiten
Willig für den, der gehangen am Kreuz, uns zum Himmel zu leiten!
Alle begehren, zu schmücken sich jetzt mit dem heiligen Zeichen
Beides: die B r u s t und den R ü c k e n; es schien e i n Kreuz nicht
zu reichen. —
Sehet, ein tieferer Sinn, ein verborgener, lag dem zu Grunde;
Weil unterrichtet ich bin, so vernehmt von der Sache die Kunde:
«Wer's auf der B r u s t nur trägt, nach der Heimkehr steht ihm
der Willen,
«Wer auf dem R ü c k e n nur, hegt just eben die Hoffnung im Stillen.»
Das war damals der Grund. Nur Wenige wissen es heute,
Wie der Gebrauch entstand; der Vergessenheit fiel es zur Beute
Früher, bevor man gewusst die Bedeutung, von welcher wir sagen,
Pflegte man bald auf der B r u s t, bald h i n t e n das Zeichen zu
tragen. —
Und nun wurde verliehen dem Dienstmann Christi die Ehre,
Selbst an der Spitze zu ziehen, ein Führer und Vater dem Heere.
Schweren Beruf zu verwalten im Zuge: die Sorge der Seelen,
Hatte er Weisung erhalten vom Papst schon in eignen Befehlen,
Aber es war ihm im Stillen doch lieb auch die doppelte Bürde,
Mehr um der Arbeit willen des Amtes, als wegen der Würde.

IV.

Unser Held gab zuletzt den an ihn gerichteten Bitten nach 1200-1202
und übernahm, nachdem ihm, wie erwähnt, der oberste Bischof
schon die Pflicht der S e e l sorge zugewiesen hatte, nun auch
noch das Amt der weltlichen Führung. Dann ermunterte und

stärkte er die Mannen im Glauben an Christus, zu dessen
Dienst sie sich gelobt hatten, und setzte den Zeitpunkt fest, an
welchem sie alle nach Ordnung ihrer häuslichen Angelegenheiten sich hier wieder um ihn scharen und mit ihm den
Weg der heiligen Pilgerfahrt antreten sollten. Auch ermahnte
er die Heimkehrenden noch eindringlich, mittlerweile keusch
und unbefleckt zu leben und sich als taugliche Streiter Christi
zu zeigen, der die Reinheit lieb hat in allen Stücken. Er
selbst aber zog mit erlesener Begleitung in den grössten und
volkreichsten Orten des Landes umher, machte häufig Halt,
um zu predigen, und bekehrte eine grosse Zahl zum Waffendienst Christi. Auch diesen schärfte er ein, wenn irgend
möglich zu der angegebenen Zeit mit den anderen am Sammelplatz zusammen zu treffen, um miteinander aufzubrechen;
wer aber wegen der Kürze der Zeit sich von seinen Geschäften
nicht losmachen könne, der solle, so schnell als möglich, den
übrigen nachfolgen. — Als nun die Zeit des Aufbruchs nahe
war, wünschte Martinus, obgleich er ja schon durch das
Ansehen eines päpstlichen Auftrages unantastbar dastand, doch
noch seiner Achtung vor der Ordenspflicht gebührenden Ausdruck zu geben. Deshalb zog er nach Citeaux, in das
Stammhaus der Cistercienser, und kehrte erst, nachdem er vom
dortigen Abt und etlichen anderen hervorragenden Aebten die
Zustimmung und den Segen zur Pilgerfahrt erhalten hatte,
noch seinem Kloster zurück. Auch hier empfahl er sich dann
dem Gebet seiner Mitbrüder, übergab sie als in Liebe verbunden
vertrauensvoll der göttlichen Barmherzigkeit und eilte gen
Basel, wo bereits eine grosse Menge Kreuzfahrer zusammen-
gekommen war, von denen er mit Jubel empfangen wurde.
Wiederum hielt er daselbst eine aufmunternde Predigt und
empfahl sich und die Genossen der allerseligsten Jungfrau,
demütig flehend, sie möge selbst das neue Heer ihrem Sohne
versöhnen. Dann nahm er Abschied von Klerus und Volk
dieser Stadt, wo er überaus geliebt wurde, und trat, heiteren
Antlitzes und unerschrockenen Mutes, mit den Gefährten die
Mühsal des heiligen Zuges an. Hieraus können wir wohl
schliessen, dass der Mann Gottes schon damals irgend etwas
Grosses im Sinn getragen und mit sicherem Seherblick voraus-
geschaut hat, was Gott durch ihn thun wollte.

Volk und Führer sodann, erst neu, doch treulich verbunden,
Traten die Pilgerschaft an, ernst, wie die Gesichter bekunden,
Schreitend im Kreuzheerbann. Du hättest, sie zählend, gefunden
Rund zwölfhundert Mann, die bedächtigen Marsches die Stunden
Zogen des Weges voran, und die Mannszucht niemals geschwunden.
Mutig ein Rösslein schritt, an der Spitze des Zugs zu gewahren,

Welches M a r t i n u s ritt; dann kamen die Andern gefahren,
Hier, wie bei Pilgern es Sitt', fusswandelnd die ärmeren Scharen,
Dort, wo der Beutel es litt, auch Reiter. Doch neidisch Gebahren
Zog in dem Heer nicht mit, weil alle zufrieden sie waren
Da ward Keinem es bang, kein Klagwort hörte man fallen,
Sondern nur frohen Gesang in des Heilands Namen erschallen.
Du, Herr, wolltest den Gang, der du Weg und Führer uns allen,
Du, Herr, schufest den Drang des Gelübdes in heiligen Hallen,
Nahmest es selbst in Empfang und siehst jetzt gläubig sie wallen!
Hoffnung erquicket das Herz der Gefährten und stärket die Glieder,
Treibt aus den Seelen den Schmerz und belebt die Ermatteten wieder.
Alles begehrt vorwärts in den heiligen Kampf nur, und Lieder
Tönen und munterer Scherz in den Reih'n. Hoch spüret und Nieder
Furchtfrei schlagen das Herz; denn der Lohn winkt wieder und
wieder. —

V.

Als das Kreuzheer von der Stadt B a s e l aufgebrochen
war, schlug es, alle anderen Wege bei Seite lassend, die
Strasse ein, welche durch die Engen des Thales von Trient
nach V e r o n a führt, weniger Mühsal bot und darum die
zweckmässigste schien. Es war aber das Gerücht vorausgeeilt
und hatte so viel Gutes und Schönes von den Pilgern verbreitet,
dass ihnen die Leute nicht bloss, wo sie durchzogen, sondern
auch aus anderen Städten und Dörfern in Scharen entgegen-
kamen, sie mit der grössten Freundlichkeit aufnahmen und zu
billigen Preisen den nötigen Unterhalt lieferten. Vor allen
bewunderten sie M a r t i n u s : ein Mann in Ordenstracht, ein
Mann von geistlichem Berufe an der Spitze eines bewaffneten
Heeres, der sich selbst tapfer einem so mühseligen Amt unter-
zogen hatte! Deshalb führten sie auch seinen Namen am
häufigsten im Mund und nannten ihn, da auch eine gewisse
Aehnlichkeit mitspielte, nach dem berühmten Manne von T o u r s,
der im Verzeichnis der heiligen Bekenner fast den ersten und
hervorragendsten Platz einnimmt, den z w e i t e n h e i l i g e n
M a r t i n u s. Und in der That, wenn man genauer zusieht,
die beiden sind sich, wenn nicht in vielen, so doch in einigen
Punkten ähnlich. Gleichwie jener Heilige vor Zeiten ein Kriegs-
mann war und als solcher (wie von ihm geschrieben steht)
derart fromm und tugendhaft lebte, dass man ihn schon damals
mehr für einen Mönch als für einen Ritter hielt, so führte
auch unser Martinus als wirklicher Mönch, ja als ein Vater
von Mönchen, ein Heer in das Feld und gestaltete unter den
Kriegsleuten sein Leben so, dass. er sich nicht das Mindeste
nachliess von der Strenge der Ordensregel, soweit es die
Mühsal des Marsches und die Sorge des ihm aufgebürdeten

Amtes gestatteten. Ferner, wie j e n e r voll herzlichen Erbarmens
für die Bedürftigen war, so dass er einmal bei grimmiger
Kälte seinen einzigen Mantel für einen nackten Armen zer-
schnitt, so teilte auch d i e s e r von dem, was er bei sich
trug oder später durch Gottes Fügung reichlich erwarb, mit
vollen Händen seinen bedürftigen Gefährten aus. (Einmal z. B.
gab er an zwei Tagen grossmütig 120 Mark Silber zu solchem
Zweck her und am dritten Tag 70 Mark.) Und endlich, wie
j e n e r aus einem Mönch Bischof wurde und trotzdem allezeit
demütig im Stande der Armut verblieb, so zeigte auch d i e s e r
die gleiche Gesinnung, als er (wir wissen das aus bester
Quelle) ein Bistum oder, je nach Wunsch, andere kirchliche
Würden, ja ungeheure Geldsummen angeboten erhielt. Aus
Liebe zum Orden und zu seinem Kloster, dem Gott durch ihn
und er durch Gottes Gnade hervorragend wohlzuthun
gedachten, wies er das Anerbieten ab und kehrte nach voll-
endeter Pilgerfahrt zu seinen Mitbrüdern zurück, arm an hoch-
fliegenden Gedanken, aber reich, überreich an Gaben des
himmlischen Schatzes. So könnte man wohl noch manchen
anderen ähnlichen Zug an den beiden Männern entdecken,
aber wir möchten dem weniger geneigten Leser gegenüber
den Anschein vermeiden, als wollten wir einen der heiligsten
Ordensmänner über Gebühr heraldrücken, um dadurch unseren
Helden steigen zu lassen. Deshalb geziemt es uns einfach,
beiden das schuldige Mass unserer Ehrfurcht zu zollen,
j e n e m als der Seele eines vollendeten Heiligen, der bereits
die Gemeinschaft der Engel geniesst, d i e s e m als einem
Manne voll Weisheit, der, annoch im Fleische wandelnd, bei
Gott und den Menschen nach Verdienst geschätzt wird und
sicher dereinst, durch Gottes Gnade, hier wie dort noch
grössere Gnaden erlangen soll. Dabei aber glauben wir doch,
nicht verschweigen zu dürfen, dass eben am Geburtstage des
heiligen Martinus auch unser Martinus zur Welt geboren und
deshalb Martinus genannt wurde.

Jedem der beiden M a r t i n e gebührt, dass man ehrend ihm diene,
Wenn auch der zweite vielleicht ganz nicht den ersten erreicht.
Beide, von Menschen gelobet, in herrlichen Thaten erprobet,
Beide auch teuer, sofern richtig ich sehe, dem Herrn!
Gotte nur lebte der Eine; der Andre auch brachte das Seine,
Grosses, von göttlicher Hand liebend gesegnet, zu Stand.
Mag jetzt kleiner er scheinen; dereinst (das dürfen wir meinen),
Wenn er geendet den Lauf, steigt zu den Grossen er auf!
Trefflichste müssen ja sterben, um w a c h s e n d e n Ruhm zu er-
werben,
Während im Leben sie schon fanden gebührenden Lohn.

So auch einstens in Fülle, wenn ab er gestreifet die Hülle,
Wächset M a r t i n u s an Ehr' droben je länger, je mehr;
Wächst, und gewaltiger immer, in hundertfach hellerem Schimmer,
Als er hienieden erschien, glänzet der Namen Martin!
Jetzt mag nicht er es leiden, dem Selbstlob gram und bescheiden,
Dass in der Welt man ihn preist, und er verbirgt sich im Geist.
Würdig, geheissen zu werden ein Demutsmuster auf Erden,
Steigt, wenn beschlossen der Lauf, selig gen Himmel er auf. —
Zieh' ihn, Christus, wir bitten, empor in die ewigen Hütten,
Dass ihm falle das Los lieblich in Abrahams Schoss!

VI.

Bei ihrer Ankunft in V e r o n a wurden die kriegerischen
Pilger samt ihrem Führer von den Bürgern der Stadt sowie
von einer sehr grossen Anzahl anderer Kreuzfahrer, welche
dort aus verschiedenen Himmelsgegenden früher angelangt
waren, auf das fröhlichste empfangen. Auch der Bischof der
Stadt zeigte sich sehr entgegenkommend; er nahm Martinus
mit aller Ehrfurcht in sein Haus auf und bestritt ihm freund-
lichst schier acht Wochen lang die Kosten des Aufenthalts.
Dann nahmen sie Abschied und zogen gen V e n e d i g. Dort
wollte man zu Schiff steigen und geraden Weges rasch nach
A l e x a n d r i a fahren, der Stadt in Aegypten. Es war nämlich
in den anderen Ländern jenseits des Meeres eben Waffenstillstand zwischen Christen und Heiden, und diesen durften
die Unsrigen um der Vertragstreue willen nicht einseitig
brechen. Im Heere der Kreuzfahrer befanden sich viele berühmte und mächtige Männer, geistliche und weltliche Herren,
unter welchen Graf B a l d u i n von F l a n d e r n und der Markgraf B o n i f a c i u s von M o n t f e r r a t durch Ansehen, Kraft
und Einsicht am meisten hervorragten. Diese alle waren einhellig überein gekommen, dass man nach Alexandria fahren
und die Stadt tapfer belagern müsse, nicht um das Kriegs-
glück zu versuchen, sondern um thatsächlich die Macht der
Kraft Gottes zu erfahren. Man durfte nämlich bei der Ausführung dieses Planes die Hoffnung hegen, nicht nur die
prächtige Stadt selbst, sondern auch den grössten Teil des
ägyptischen Landes mit geringer Mühe in die Gewalt zu bekommen. Die Bevölkerung war von einer Hungersnot schier
aufgerieben und lebte in bitterstem Mangel; das Land trug keine
Frucht mehr, weil ihm der Nil, der es sonst zu bewässern
pflegt, seit fünf Jahren, wie es hiess, seine Segensfluten ent-
zogen hatte. — Aber dieser lobenswerte Gedanke unserer
Fürsten wurde verhindert, und zwar durch die Hinterlist und
Schlechtigkeit der Venetianer, welche, gewissermassen als

Herren der Schiffahrt und Gebieter des Adriatischen Meeres,
den Unsrigen jedes Fahrzeug versagten, wenn man nicht vorher
mit ihnen die berühmte dalmatinische Stadt Zara erobere,
die aber zu Ungarn gehörte. Sie versicherten nämlich, diese
Stadt sei von jeher feindselig auf Venedigs Schaden bedacht
gewesen; ja häufig hätten sogar Bürger von Zara venetianische
Handelsschiffe wie Seeräuber überfallen und ausgeplündert.
Unseren Fürsten aber, die Gott fürchteten, schien die Sache
unerhört frevelhaft zu sein, einmal, weil die Stadt ja von
christlichem Volke bewohnt war, und dann, weil sie dem
König von Ungarn gehörte, welcher auch das Kreuz genommen
und dadurch selbstverständlich sich und das Seine unter den
Schutz des heiligen Stuhles gestellt hatte. Während nun die
Venetianer immer dringlicher wurden, die Unsrigen aber ebenso
hartnäckig sich weigerten, verstrich die beste Zeit unter Hader
und Zwietracht. Die Kreuzfahrer blieben fest bei ihrer Ansicht,
dass es abscheulich und vom christlichen Standpunkt aus un-
erlaubt sei, als Streiter des Kreuzes Christi gegen andere
Christenmenschen mit Schwert, Raub und Brand zu wüten,
wie bei der Erstürmung von Städten zu geschehen pflegt. Infolge dessen traten auch viele Arme, welche das Wenige, das
sie mitgenommen, aufgezehrt hatten und nun kein weiteres
Weggeld besassen, die Heimreise an; aber auch etliche vornehme und reiche Männer, die keineswegs Mangel litten, sondern
sich nur durch solch schändliche Zumutungen abgeschreckt
fühlten, kehrten unwirsch und mit widerstrebenden Empfindungen der Sache den Rücken. Einige davon gingen nach
Rom und konnten nur mit Mühe vom heiligen Vater die Erlaubnis zur Heimkehr erlangen, unter der ausdrücklichen Bedingung jedoch, ein paar Jahre später das Gelübde ihrer Kreuz-
fahrt einzulösen. Diese Umkehr von Pilgern verursachte dem
Heere der Unsrigen manche empfindliche Lücke, und ausserdem
wurde dadurch auch bei vielen, welche in Deutschland und
anderwärts sich schon zur Nachfolge angeschickt hatten, die
ursprüngliche Glut der Begeisterung gedämpft, so dass sie sich
nicht mehr vom Platze regten. — Um diese Zeit wurde ein
Kardinal, Petrus von Capua, zu unserem Heere gesandt
mit der ausdrücklichen Weisung des heiligen Vaters, jenen
Streit beizulegen und die Venetianer zu bestimmen, dass sie
die Einschiffung und schleunige Ueberfahrt nach Alexandria in
so heiliger Sache den Kämpfern Christi gewährten. Weil aber
auch er auf keine Weise ihnen das abnötigen konnte, wenn
nicht die Unsrigen die auferlegte Bedingung erfüllt hätten,
dünkte es sie endlich verzeihlicher und weniger verwerflich,
ein grosses Gut durch ein kleines Uebel zu erkaufen, als ihr

Kreuzfahrtgelübde unerfüllt zu lassen, die Schritte heimwärts
zu lenken und den Ihrigen Sünde und Schande zurückzubringen.
Sie gelobten daher, thun zu wollen, was die Venetianer so
dringend begehrten, nahmen ihnen dabei aber das bestimmte
Versprechen ab, dass dann auch sie nach Alexandria fahren,
d. h. die Unsrigen mit Kriegsmacht dorthin begleiten würden.
Und wie verhielt sich dabei unser Martinus? Als er erkannte,
dass man der Sache des Kreuzes nicht nur Verzögerung bereite,
sondern nun auch unserem Heere die Notwendigkeit sich auf-
dränge, Christenblut zu vergiessen, wusste er nicht wohin sich
wenden und was anfangen! Ein wahres Entsetzen erfasste ihn,
und von mehreren Wegen, deren keinen er doch billigen konnte,
wählte er endlich einen, der ihm in diesem Falle noch der
beste schien. Er ging zu dem genannten Kardinal und flehte
fussfällig, man möge ihm die Lösung des Gelübdes erwirken
und die Rückkehr zu der gewohnten Ruhe klösterlichen Lebens
gestatten. Dieser aber schlug ihm die Heimreise rundweg ab,
er habe denn zuvor seine Pilgerfahrt vollbracht, ja legte ihm
sogar im Namen des heiligen Vaters noch eine grössere Last
auf, indem er ihm alle Deutschen zuwies, nicht nur die bisher
von ihm geführten, sondern auch die, welche er in Venedig
vorgefunden hatte und solche, die noch später zu dem Heere
stossen würden. Auch machte er es ihm und etlichen anderen
Ordensgeistlichen, die zugegen waren, zur heiligen Pflicht, unter
allen Umständen den Wallfahrtsgenossen zu folgen und sie,
soweit es irgend möglich, von der Vergiessung christlichen
Blutes abzuhalten.

Kann ich es sagen, wie bitter beklagen Martinus es musste,
Als er, in Ehren nach Hause zu kehren, verhindert sich wusste?
Zweifelhaft stand er, und bitter empfand er im frommen Gewissen,
Dass ihm das Schwanken im Zwang der Gedanken die Seele zer-
rissen!
Denn ihn verzehrten auch für die Gefährten die Sorgen; der Gute
Sah sie — o Schrecken! — bereits sich beflecken mit christlichem
Blute!
Doch er gehorchte, was bang er besorgte, verhehlend mit Schmerzen;
War er erbötig, geschah's, weil es nötig, doch nimmer von Herzen.
So, als Begleiter der heimischen Streiter, als Führer der Mannen
Deutschen Geblütes, die tapfren Gemütes auf Rühmliches sannen,
Ging er zu Meere. Denn jeder im Heere vom deutschen Geschlechte
Musste ja willig ihm folgen, wie billig nach göttlichem Rechte,
Seit der Gesandte des Papsts ihn ernannte, sowohl wer zu Haus ihm
Schon sich verbunden, als die er gefunden, geeilet voraus ihm.
Stärker die Scharen, als früher sie waren, um vieles, bereiten
Jetzt sich die Frommen, woher sie auch kommen, das Meer zu
beschreiten,

Und, nach dem Winde sich richtend, geschwinde bepflügen sie
wacker,
Folgend der Regel, mit Ruder und Segel den wogenden Acker.
Was sie nicht wollten, worüber sie grollten als nutzlos, die meisten,
Hatten beschlossen die frommen Genossen nun willig zu leisten.

VII.

Als nun die Flotte über das Adriatische Meer gesetzt war 1202-1
(man nennt es auch das dalmatinische; der eine Name kommt
von der Stadt Adria oder, nach der Sage, von Adriana, der
Tochter des Minos, der andere von Dalmatien, dessen Ufer
von ihm bespült werden), nahmen unsere Krieger in schnellem
Anlauf, aber zögernden und betrübten Gemütes, die Venedig
gegenüberliegende Küste in Besitz, schlossen die erwähnte Stadt,
um sich bei dem verhassten und verabscheuten Geschäft nicht
lange aufzuhalten, mit grossem Lärm und Nachdruck ein und
zwangen sie schon nach zwei Tagen, weniger durch Feind-
seligkeiten als durch Drohungen, ohne alles Blutvergiessen zur
Uebergabe. Aber kaum hatte die Stadt sich ergeben, so kamen
die Venetianer und zerstörten sie in ihrem unauslöschlichen
Hasse von Grund aus. Nach dem allen schwebte das Gericht
der Exkommunikation über den Häuptern der Unsrigen; denn
sie hatten ja die Hand an eine Besitzung des Königs von Ungarn gelegt, der, als er das Kreuz nahm, sein Eigentum unter
den Schutz des heiligen Petrus und des obersten Pontifex gestellt hatte. Deshalb dünkte es sie zweckmässig, Boten an diesen
abzusenden, dass er ihnen in gütiger Erwägung der Zwangslage, in welcher sie gesündigt, die Strafe der Exkommunikation erlassen möge. Man suchte geeignete Persönlichkeiten zur
Uebernahme dieser Gesandtschaft und erwählte in erster Linie
den Abt Martinus, sodann den Bischof von Soissons, einen
sehr frommen und beredsamen Mann, und als dritten den
Magister Johannes von Paris, der ein geborener Franzose war,
eine vornehme Erziehung genossen hatte und gleichfalls vortrefflich zu sprechen verstand. Durch das Erscheinen dieser
Männer sollte unsere an sich schon günstig stehende Sache
bei dem heiligen Vater noch besonders kräftig unterstützt
werden. Als die drei nach Rom gekommen und vorgelassen 1203.
worden waren, setzten sie ihr Anliegen redlich auseinander
und baten den Papst aufs demütigste, er möge den not-
gedrungenen Frevel, welchen unsere Krieger gegen Christen
(und doch zur Ehre Christi!) begangen hatten, gnädig verzeihen
und nach sorgfältiger Prüfung des Sachverhaltes die Strafe der
Exkommunikation nicht über sie aussprechen. Und wirklich
liess der heilige Vater den Entschuldigungsgrund gelten, der aus

der Zwangslage hergeleitet wurde. Auch die demütige Bitte unseres Heeres, sowie das Ansehen und das edle Auftreten der Gesandten mussten ihn rühren, und so gewährte er denn, nachdem er mit sich zu Rate gegangen, wohlwollend die erbetene Nachsicht und befahl eine förmliche schriftliche Lossprechung auszufertigen und unserem Heere zuzustellen. Er war nämlich ein Mann von ausnehmender Urteilskraft und huldreichem Wesen, zwar noch jung an Jahren, aber klug wie ein Alter, von gereifter Gesinnung, durch und durch ein Ehrenmann, von berühmtem Geschlecht, auch äusserlich eine stattliche Erscheinung, ein Freund alles Rechten und Guten, ein Feind dagegen der Bosheit und Niedertracht, so dass er mit vollem Recht, nicht etwa bloss zufällig, den Namen Innocentius trug :

Innocenz war, was er hiess, vollwürdig des Namens, mit dem er
Ahnungslos nennen sich liess : Innocenz war, was er hiess!
Böses, er kannte es nie; so lange die Gabe des Lebens
Göttliche Huld ihm verlieh : Böses, er kannte es nie!
Er, der zum Vater bestellt, hat doch sich — o liebliches Schau-
spiel! —
Brüdern als Bruder gesellt : er, der zum Vater bestellt!
Lauter und ohne Betrug, von den Priestern und Laien als echter
Hirte gepriesen mit Fug : lauter und ohne Betrug!
Immer zum Guten bereit und geneigt, wenn er spendete Gutes,
Reich es zu thun allzeit : immer zum Guten bereit! —
Lob und Verehrung in steter Vermehrung als Bischof geniessend,
Fleckenlos wandelnd, nur väterlich handelnd, die Bösen ver-
driessend,
Ganz ohne Tadel, erlaucht auch von Adel, ein tapferer Streiter
Gottes im Glauben, nicht lassend sich rauben die Hoffnung und
heiter,
Weil er nach oben zum Kreuze gehoben die liebenden Blicke,
War er ein will'ger Beschützer der Pilger und ihrer Geschicke.
Er, der so heilig, erklärte verzeihlich, was Gott nur zur Ehre
Hatten gesündigt und reuig verkündigt die christlichen Heere.
Freundlich erbötig, zu spenden, was nötig, erschloss er die Pfade
Ihnen, die bange gefolgt nur dem Zwange, zur himmlischen
Gnade.

VIII.

Während unsere Gesandten noch am päpstlichen Hofe verweilten, trat mit immer grösserer Bestimmtheit das Gerücht auf, es sei der junge Alexis ins Lager gekommen, ein griechischer Prinz, der Sohn Isaaks, des Herrschers von Konstantinopel. Der deutsche König Philipp habe ihn geschickt mit ausführlichen Schriftstücken, in welchen er das

2

Kreuzheer dringend ersuchte, den jungen Mann mit allen Kräften wieder in sein Reich einzusetzen. — Wenn von einer so verwickelten, grässlichen Geschichte überhaupt eine geordnete Darstellung gegeben werden kann, so verhält sich die Sache etwa wie folgt : Als der eben genannte I s a a k über die Griechen herrschte, stürzte sein Bruder Alexis, der Oheim des erwähnten j ü n g e r e n Alexis, auf den Rat einiger Bösewichte, besonders eines ihm verwandten, arglistigen Edelmannes, namens M u r c i f l o (d. h. Herzblum'), seinen Bruder Isaak vom Thron, riss das Reich an sich und warf seinen Neffen, unseren Alexis, den Sohn Isaaks, in strenges Gewahrsam. Der aber entwischte bei günstiger Gelegenheit und eilte in schleuniger, heimlicher Flucht nach Deutschland. So kam er zu König P h i l i p p, der eine Schwester von ihm zur Gemahlin hatte, und klagte ihm seine und seines Vaters Not und die Grausamkeit des Oheims. Der König nahm den Jüngling ehrenvoll auf, behielt ihn längere Zeit mit herzlicher Zuneigung bei sich und versorgte ihn freigebig und reichlich mit fürstlichem Unterhalt. Als er aber hörte, dass unser Heer nach der Einnahme von Z a r a an den Grenzen Griechenlands stehe, schickte er den Jüngling mit schriftlicher Botschaft an die Fürsten, sie möchten sich, wenn es irgend thunlich, bemühen, ihn in sein väterliches Reich zurückzuführen. Besonders nachdrücklich legte er die Sache den Deutschen als seinen Unterthanen ans Herz. Seinen Vetter, den Markgrafen, erinnerte er an ihr gegenseitiges verwandtschaftliches Band ; ebenso beschwor er die Flamländer und Franzosen und Venetianer, indem er dabei in feste Aussicht stellte, wenn erst A l e x i s mit ihrer Hilfe auf dem Thron sitze, würden alle Pilger sowohl durch Deutschland als durch Griechenland immerdar freien und sicheren Weg haben. Dazu kam noch, dass der junge Prinz feierlich zusagte, ihnen miteinander nach seiner Wiedereinsetzung 300,000 Mark Silber zu geben. Alle diese Ursachen wirkten zusammen, und schon begann der grössere Teil unseres Heeres dem Prinzen zuzuneigen. Einige aber, welche mehr um den Ausgang des Kreuzzuges sich kümmerten, rieten hartnäckig ab, indem sie (was ja auch das Wahrscheinlichste war) darauf hinwiesen, dass der Prinz keinesfalls ohne Gewalt und Blutvergiessen wieder eingesetzt werden könne. Es däuchte sie thöricht und sündhaft, wenn eine Hand voll Pilger ohne sicheren Rückhalt ein heiliges Vorhaben aufgebe, um sich für fremden Nutzen in gewisse Gefahr zu stürzen und einer grossen, mächtigen, volkreichen Stadt einen Krieg anzukünden, der ohne Zweifel einem Teil oder beiden grosse Verluste bringen müsste. — Aber wir wollen von der Geschichte der Wiedereinsetzung jenes

Prinzen zur Zeit noch schweigen; in der Folge werden wir
des weiteren darauf zu sprechen kommen.

Als, wie oben erzählt, das Gerücht von der Sache in
Rom umging, erschrak der heilige Vater heftig und mit ihm
sein Klerus und unsere Gesandten und andere Kreise. Denn
er fürchtete, die Eifersucht der boshaften Feinde werde bei
dieser Gelegenheit unserem gesamten Heere den Untergang
bereiten oder doch die Sache des Kreuzes aufhalten. Der Papst,
wie schon seine Vorgänger, hasste die Stadt Konstantinopel
seit alter Zeit; denn sie war lange schon der römischen Kirche
gegenüber aufrührerisch gesinnt und wich in einigen Glaubens-
sätzen, z. B. vom Ausgang des heiligen Geistes, den die
Griechen nicht vom Sohn ausgehen lassen wollen, und in der
Art des Messopfers, das sie mit ungesäuertem Brot begehen,
vom katholischen Glauben ab. Deshalb hatte der Papst einmal
einen Kardinal zu ihrer Bekehrung und Unterweisung
abgeschickt, aber sie knüpften ihn auf, mit den Füssen nach
oben und dem Kopfe nach unten, bis er, St. Petro im Martyrer-
tum gleich, den Geist aufgab. Der Papst hasste also die Stadt
und hätte wohl gewünscht, dass katholisches Volk ohne Blutvergiessen sie eroberte, wenn er das für möglich gehalten.
Aber für unser Heer fürchtete er eben eine Niederlage ; er
konnte nicht hoffen, dass die Unsrigen das erreichen würden ;
er sagte sich, dass Konstantinopel schon allein mit
seinen Fischerbooten unserer ganzen Flotte überlegen wäre.
Die Stadt hatte nämlich 600 solche Fahrzeuge, deren jedes im
Jahr auf vierzehn Tage der Kasse des Herrschers eine Gold-
münze zahlte, welche man Perpera heisst, im Werte eines
ferto, d. i. einer Viertelmark. Kriegs- und Handelsschiffe aber
besass sie in ungezählter Menge und dazu einen stark
befestigten Hafen. Es war daher der Rat und die Meinung
des heiligen Vaters, welchen die Sache des Kreuzes aufs
höchste beunruhigte, dass die Unsrigen geraden Weges nach
Alexandria schiffen sollten. Er erlaubte ihnen auch, an den
Seeplätzen der Romagna, welche das Adriatische Meer bespült,
in bescheidenem Mass unentgeltlich Lebensmittel aufzunehmen,
mit denen sie auf ein halbes Jahr ausreichen könnten. Er
fürchtete gar sehr, sein Rat möchte nicht beachtet und der
Fortgang des Kreuzzuges durch Unternehmungen in Europa ge-
hemmt werden, und deshalb wurde sowohl er selbst als alle
anderen durch die neuen Gerüchte lebhaft aufgeregt.

Jetzt auch wiederum flehte Martinus in traulicher Rede
Brünstig den heiligen Vater um Heimkehr. «Höre mich», bat er,
«Du hast einst mir gespendet das Amt, auf die Fahrt mich gesendet;
«Heisse, mein Bischof, in Ehren den Abt nach Hause nun kehren!»

Schmerzlicher immer bedrückte den Frommen es, dass er erblickte
So viel gottloses Treiben, dass dauernd verloren nun bleiben
Sollte die Stadt, in der weiland auf Erden gelehret der Heiland,
Dass Fortschritte nicht mache des Kreuzzugs heilige Sache,
Sie, die aus Kleinem entsprungen, verzögert nun oder misslungen!
Will auf die Schulter man legen, hellenischer Könige wegen,
Lasten dem christlichen Heere von kaum zu ertragender Schwere?
Werden darunter nicht alle die Pilger geraten zu Falle,
Oder, wenn's besser beschlossen, doch mindestens seufzen ver-
drossen?
Selbst, wenn beschieden das Beste, so gilt es doch immer, das feste
Konstantinopel mit Strömen des edelsten Blutes zu nehmen!
Denn wer zweifelt, dass heftig es wehren sich wird, dass es kräftig
Erst um den Sieg wird ringen, bevor wir das arge bezwingen?
All dies sagte sich leise Martinus im Busen, der Weise.
Weil er mit sorgendem Blicke voraussah schwere Geschicke,
Nichts, was sicher sie wehrte, mit Fug er nach Hause begehrte.

IX.

Es flehte also unser Abt mit allem Nachdruck um die
Erlaubnis zur Heimkehr, indem er sämtliche angeführte
Ursachen und noch andere dazu dem heiligen Vater vor Augen
stellte. Aber dieser schlug ihm die Bitte rundweg ab; er dürfe
erst an die Rückkehr denken, wenn er das heilige Land, nach
welchem ihm sein Gelübde weise, betreten habe. So ging denn
Martinus mit den Genossen vom päpstlichen Hofe weg,
nachdem er zuvor den apostolischen Segen empfangen hatte.
Auch nahm er ein Schreiben mit für das Heer, das die förmliche Lossprechung desselben enthielt. Er reiste nach Bene-
vent und fand dort den schon oben erwähnten Petrus
von Capua, der sich mit dem Wunsche trug, geraden
Weges nach Akko hinüberzuschiffen. Martinus schloss sich
ihm an, schickte den päpstlichen Brief durch seine Reise-
begleiter an das Heer und liess sich auch durch sie bei den
deutschen Scharen, die er bisher geführt hatte, entschuldigen
und ihnen Lebewohl sagen (am 4. April). Dann schifften sie
sich bei Sipontum[1] ein und kamen (am 25. April) nach langer
Fahrt im Hafen von Akko an, wo sie von allen aufs feier-
lichste empfangen wurden. Es waren dort auch zahlreiche
Deutsche und darunter einige vornehme und mächtige Männer,
welche Martinus schon in Deutschland gekannt und geliebt
hatten. Diese nahmen ihn mit besonderer Ehrfurcht auf.
Petrus von Capua aber übergab ihm im Auftrage des Papstes

---

[1] Heute : Maria de Siponto in Apulien.

die Fürsorge für alle Deutschen, die ·schon in Akko waren,
oder auf deren Ankunft man noch hoffte. Leider brach dort
in diesem Sommer um die sogenannten Hundstage eine schwere
Pest aus, welche derartig unter den Menschen wütete, dass
an Einem Tage mehr als 2000 Leichen begraben worden sein
sollen. So plötzlich und unerwartet trat diese Seuche auf, dass
man in drei Tagen sicher dem Tod entgegensah, wenn man
einmal daran erkrankt war. Viele nun, die von der Krankheit
ergriffen worden, liessen den Abt rufen, da sie nicht mehr
über ihre Habe verfügen konnten, und übergaben ihm alles,
sei es zu eigenem Besitz, sei es zur Verteilung an dürftige
Gefährten, wobei er einen beliebigen Teil für sich zurück-
behalten sollte. Diese Angelegenheiten führte Martinus so treulich aus, dass er, wie schon oben erwähnt, einmal in zwei
Tagen 120 Mark Silber zu solchem Zwecke ausgab und am
dritten 70 Mark. Auch kaufte er einigen Tapferen, welche in
der Not ihre Waffen verpfändet hatten, dieselben zurück,
gleichfalls ganz uneigennützig ohne das mindeste Entgelt. Vor
allem aber ging er mit tapferer Frömmigkeit zu den Kranken,
versorgte sie freundlich mit Rat und That, ermahnte sie zu
aufrichtiger Beichte und tröstete sie mit der Hoffnung der
Ewigkeit, dass sie den kurzen Augenblick des Todes nicht
fürchten möchten, sie, die ja hernach ein Leben ohne Ende
empfangen würden! Auch die Gesunden vermahnte er männlich, sich durch dieses kurze und vorübergehende Ungemach
nicht erschrecken zu lassen, sondern gefassten Herzens auf
beides bereit zu sein: sowohl dies zeitliche Leben zur Ehre
Gottes noch länger zu führen, als auch, wie die voraus-
gegangenen Gefährten, in kurzer Frist das Glück des ewigen
zu erlangen.

Hier in den Unglückstagen, von Kümmernis niedergeschlagen,
Fühlte M a r t i n u s den Rücken die Last des Geschickes so drücken,
Dass untrügliche Zeichen des Grams wahrnahm auf dem bleichen
Antlitze, wer ihn gesehen zu Haus und öffentlich gehen.
Denn, was die Brüder beschwerte, mitduldend als treuer Gefährte,
Trug er der anderen Schmerzen, wie eignen, im liebenden Herzen.
Männlich sich selber vergessend, mit jedem an Tugend sich messend,
War er für alle ein Vater, ein Helfer in Not, ein Berater,
Klug und bedächtig in Reden, ein zärtlicher Bruder für jeden!
Hierhin und dorthin getrieben, die Werke der Liebe zu üben,
Geht er herum bei den Kranken. Bekannte wie Fremde verdanken
Ihm, der sie ärztlich beraten, auch freundliche Hilfe mit T h a t e n!
Wie mit Geschwistern verkehrt er; die irrenden Geister belehrt er;
Keiner verschliesst ihm die Seele; ein jeder bekennt, was ihn quäle,
Willig zu völliger Beichte, da Gott ihm die Herzen erweichte.
Alles dem Herren zu weihen bei Z e i t e n, ermahnt er die Reihen

Der von der Seuche Gefassten, damit, wenn sie Todes erblassten,
Dran sich auch hielten gebunden die übrig geblieb'nen Gesunden.
Gleiches empfahl er den Zagen, die Furcht vor der Pest zu ver-
jagen,
Stark sie zu machen im Leiden und willig. von hinnen zu scheiden.

X.

Während der langen Herrschaft der Pest in der Stadt und
ihrer Umgebung wurde die Mehrzahl der Einwohner und der
dort verweilenden Fremden von der Ansteckung ergriffen und
hingerafft. Auch von den 16 Personen, welche in der Herberge
des Abtes wohnten, entrannen nur vier, darunter er selbst,
dem Tode; alle übrigen erlagen der Gefahr. Und wer mit dem
Leben davongekommen war, hatte doch schon den Ruf des
Todes vernommen und erwartete ihn matt und blutleer als
unausbleiblich jeden Augenblick. Dazu kam noch ein anderer
Uebelstand: die zwischen den Unsrigen und den Heiden feierlich abgeschlossene Waffenruhe wurde nämlich von den letzteren
mit niederträchtiger Arglist gebrochen, indem sie zwei deutsche
Schiffe wegnahmen und ihrer sämtlichen Fracht beraubten.
Zwar vergalten die Unsrigen tapfer und schnell diese Unbill.
Sechs grosse feindliche Schiffe mit Lebensmitteln, Waren und
sonstiger Fracht wurden auf dem Meere gekapert, mit der gesamten Ladung als gute Prise erklärt und also durch Gottes
und eigene Kraft die Heimtücke der Heiden kräftig gerächt.
Aber der Krieg war eben damit erneuert, und die Wut der
Feinde richtete sich heftiger als bisher gegen die Unsrigen,
weil sie in der Zahl der Mannschaft uns überlegen und zudem
der Meinung waren, auch die Uebriggebliebenen seien durch
die beständige Nähe des Todes schwach und kraftlos geworden.
Deshalb däuchte es die Angesehensten unter den Christen gut,
an das Pilgerheer, welches dem Vernehmen nach noch in
Griechenland verweilte, Botschaft zu senden, man möge doch
der Stadt Akko, jenem Hafen des heiligen Landes, welchen
die Unsrigen bisher mit grösster Anstrengung und Gefahr fest-
hielten, schleunigst zur Hilfe kommen, da er sonst schwerlich
länger verteidigt werden könne. Auch diese Gesandtschaft
übernahm Abt Martinus auf Ansuchen und mit ihm ein
anderer, Konrad nämlich, der Vogt von Schwarzenberg.
(Diesem Manne stellt der Abt das Zeugnis der grössten Ehr-
lichkeit aus; er, Konrad, habe die Gewohnheit gehabt, für
jede im Scherz oder Ernst oder unwissentlich ausgesprochene
Unwahrheit, deren er sich erinnerte, im Beichtstuhl besondere
Absolution zu verlangen, woraus wohl zur Genüge erhellt, dass
ein Mann, der schon in kleinen Dingen, auf die fast allle

andern kein Gewicht legen, so gewissenhaft war, auch in
grossen durchaus nichts vernachlässigt haben wird.) Drei Tage
vor Martini schifften sich die beiden ein und landeten am Tag
der Beschneidung Christi bei K o n s t a n t i n o p e l. Dort stand 1. Januar
damals das Kreuzheer, aber in nicht sehr fröhlicher Stimmung; 1204
denn es hatte sich in fremde Händel eingelassen und war
dabei in grosse Fährlichkeit geraten. Freilich man muss |den
Glauben festhalten, dass Gott alles so gefügt hat: Jene grosse
und mächtige Stadt, die schon lange dem römischen Stuhl
abtrünnig geworden, sollte durch die Tapferkeit der Unseren
und einen unverhofften Sieg der Einheit der Kirche zurück-
gewonnen werden. — Als nun die Boten der Christen von
jenseits des Meeres ankamen, wurden sie von allen ehrerbietig
und freundlich aufgenommen, insonderheit von den Deutschen,
welche der Abt früher angeführt hatte. Allein nachdem sie
die Ursache ihrer Ankunft auseinandergesetzt, erfuhren sie
zwar die lebhafteste Teilnahme, Aussicht aber auf Rat oder
Beistand wurde ihnen nicht gemacht, da eben die Unsrigen
augenscheinlich sich selbst kaum genügend helfen konnten.
Sie waren damals gerade in der äussersten Bedrängnis. Wegen
der gar nicht zu schätzenden Menge des feindlichen Griechen-
volkes hatten sie in der Umgebung der Stadt nirgends Ruhe,
und andererseits konnten sie ohne die grösste Gefahr auch nicht
von der Stadt wegrücken wegen der zahllosen Schiffe, mit
denen der Feind sie im Falle des Abzuges zu verfolgen und zu
vernichten dachte. So war es gekommen, was gewiss selten zu
geschehen pflegt, dass die Unsrigen sich auf die Belagerung
einer Stadt gefasst machten, von der sie nicht wegzufliehen
wagten ! Um diese Sachlage ganz klar zu verstehen, ist es der
Mühe wert auf die Darlegung zurückzukommen, welche wir,
wie erinnerlich, weiter oben einstweilen bei Seite gelassen.
Wer hier fleissig aufmerkt, der wird die verborgenen Gerichte
Gottes und die stillen Ursachen der kommenden Ereignisse mit
Händen greifen können.

Haltet den Athem und passet! Ach, Schreckliches, dass ihr erblasset,
Hab ich zu schildern ! So lasset gescheh'n es, dass Zorn mich erfasset !
Merkt wohl, was wir berichten! Verbürgt ists! Glaubet mit nichten,
Dass wir im Stand, zu erdichten so brandmalwürdge Geschichten!
Lasst euch richtig bescheiden : Ihr spart euch Mühen und Leiden,
Wenn ihr es lernt, wie die Heiden, wie Narren, die G r i e c h e n zu
meiden !
Wahrheit ist, was ich singe; doch fragt nach dem Grund ihr der Dinge :
Minder das Volk, das geringe — die Grossen verdienen die Schlinge!
Hefe der Hefe! Sie schänden den griechischen Namen! Es enden
Griechische Kön'ge von Händen, die schnöde sie würgen und blenden!

Konstantinopel, verruchtes, nicht wert, dass die Sonne besucht es!
Volk voll List, du verfluchtes, nur fleissig, wenn Arges versucht es,
Wie es zum Aufstand hetze, gehorsam keinem Gesetze,
Wie es, was heilig, verletze, den eigenen Herrscher entsetze!
Feiges Gesindel, so träge, doch Kön'ge zu plagen, so rege!
Nest des Betrugs allwege, wo Nahrung er findet und Pflege!
Doch bald wird es erfahren die Strafe für gottlos Gebahren,
Zitternd die Sieger gewahren in kleinen, doch tapferen Scharen,
Wie durch die Thore sie brechen und grausam in blutigen Bächen
Unter den Bürgern, den frechen, den Tod des Alexius rächen!

XI.

1203   Wie die Unsrigen nach und nach in solche Bedrängnis
geraten waren, lässt sich, wie folgt, zusammenfassen : Als der
oben erwähnte junge Alexis mit Botschaft und Briefen von
König Philipp ins Lager gekommen war und durch seine
Bitten und weitgehende Versprechungen die Anführer des
Heeres in nicht geringe Aufregung versetzt hatte, fingen, wie
gesagt, mit der Zeit alle an, ihm und der Beschützung seiner
Sache geneigt zu werden. Und das aus verschiedenen Ursachen.
In erster Linie wirkte die Empfehlung König Philipps,
welcher sich so angelegentlich für ihn verwendete ; dann dünkte
es auch sie selbst ein löbliches Werk, den grausam gestürzten
rechtmässigen Thronerben wieder in seine Hauptstadt zurückzubringen, wenn es nur irgend ausführbar sei, und zudem
wurden sie eben auch gerührt durch die Bitten und Versprechungen des jungen Prinzen, der für den Fall seiner
Wiedereinsetzung allen Pilgern jetzt und zukünftig den um-
fassendsten Beistand verhiess. Dazu kam noch die Erwägung,
dass die Stadt Konstantinopel bekanntermassen der römischen Kirche gegenüber aufrührerisch und feindlich gesinnt
war, weshalb man wohl annehmen durfte, ihre Demütigung
werde dem heiligen Vater, ja Gott selbst, nicht gerade sehr
missfallen. Auch die Venetianer, deren Schiffe man ja benutzte,
trieben eifrigst zu dem Unternehmen, teils in der Hoffnung auf
den versprochenen Gewinn — denn dieses Volk ist immer
heisshungrig nach Geld! —, teils auch, weil Konstantinopel im
Vertrauen auf die Grösse seiner Flotte sich die Hauptherrschaft
in jenen Gewässern anmasste. Durch das Zusammenwirken all
dieser und vielleicht noch anderer Umstände kam es dahin, dass die
Pilger insgesamt und einmütig dem Prinzen ihr Herz zuwandten
und Hilfe versprachen. Es gab aber, wie ich glaube, noch eine
andere Ursache, die viel tiefer lag und mächtiger wirkte als
alle die genannten, der Ratschluss nämlich der göttlichen Liebe,
welche es fügte, dass jenes im Ueberfluss üppig gewordene

Volk von seiner Hochmutshöhe gestürzt und in der Folge zu
Frieden und Eintracht mit der allgemeinen heiligen Kirche
zurückgerufen wurde. Auch war es offenbar nur in der Ordnung, dass die Griechen, welche auf andere Weise doch nicht
gebessert werden konnten, durch Verlust einiges Blutes und
der zeitlichen Güter, die sie so übermütig gemacht hatten,
gezüchtigt wurden. Das Volk der Pilger konnte sich dann an
der Beute der Stolzen bereichern, das ganze Land ging in
unsere Gewalt über, und die abendländische Kirche durfte sich
immerdar des Lichtes der heiligen Reliquien freuen, deren sich
jene unwürdig gemacht hatten. Aber auch ein anderer wichtiger Punkt ist nicht zu vergessen. Die oftgenannte Stadt, die
sich den Pilgern gegenüber allezeit treulos bewiesen hatte,
sollte nach dem Willen Gottes durch den Wechsel der Bevölkerung treu und einträchtig werden und uns zum Kampf
mit den Heiden und zur Eroberung und Festhaltung des heiligen Landes desto wertvollere Hilfe leisten, je günstiger sie
gelegen war. Aus alledem wäre aber nichts geworden, wenn die
Griechen durch ein Volk anderen Glaubens, durch Heiden
oder Ketzer, überwunden worden wären oder gar, im schlimmsten
Fall, deren Irrlehre angenommen hätten. Diese Ursachen,
meine ich, haben bei Gott vorgewogen, uns zwar verborgen,
aber ihm, der alles voraussieht, offenbar; und deshalb gelangten
die grossen und wunderbaren Ereignisse, von denen wir reden
werden, sicher, aber geheimnisvoll zu ihrem Endziel.

Tief in der Gottheit Schosse verborgne, veränderungslose
Gründe der ewigen Liebe bestehen im ird'schen Getriebe,
Die die Geschichte der Zeiten so ruhig bestimmen und leiten,
Dass nichts hier auf der Erden gemacht kann irgendwie werden,
Was nicht Form und Gestaltung empfinge von höherer Waltung,
Was nicht trüge die volle Besieglung, dass Gott es so wolle,
Wo es und wann es und wie es geschehe, dass Zögerung nie es
Hemmet und hindert und wendet! Wie Gott will, wird es geendet!
Ja, es besteht in dem Reiche der ewigen Schöpfung das gleiche
Göttliche Leben und Weben, wovon ich geredet soeben.
Weisheit ohne Beginnen und Aufhör'n waltet darinnen:
Alles, was lebt und sich reget, von sicherer Ordnung beweget, .
Jahre und Tage und Stunden an ew'ge Gesetze gebunden,
Die die Ereignisse leiten und, was zu verschiedenen Zeiten
Zu sich getragen, verbinden! Der Mensch kann nimmer sie finden,
Sondern es kennt sie nur Einer, dess Rat zu erforschen noch Keiner,
Der bei Vernunft, unternommen, da nicht es gestattet den Frommen!
Alle Gelehrten bekennen : Wie Licht sich und Finsternis trennen,
Mangelnd gemeinsamer Bande, so bleibt auch dem schärfsten Ver-
stande,
Menschlichem Sinnen und Sorgen, des Himmels Geheimnis verborgen.

XII.

Also aus diesem verborgenen und unerforschlichen Inbegriff
des göttlichen Geistes, der aller Dinge Gestaltung umfasst,
den die Zahl weder des Sandes am Ufer, noch der Tropfen im
Meer, noch der Blätter im Walde zu täuschen vermag, geht
alles hervor, was in der Zeit zu geschehen oder einzutreffen
pflegt, und zwar auf sicherem Pfade und in unabänderlichem
Laufe. Die griechischen Philosophen lieben, das «Architypus»,
d. h. der Dinge Urbild, zu nennen, Johannes aber in seinem
Evangelium bezeichnet es als das «Leben», wenn er sagt:
« Was entstanden ist, hat in ihm das Leben, und das Leben
war das Licht der Menschen.» Wie nämlich in dem Geiste des
sterblichen Menschen jene Dinge gewissermassen leben, die er
in der Gegenwart denkt, mögen sie nun schon gegenwärtig
sein oder erst als zukünftig gehofft werden, so, nur noch in
viel höherem Grade, leben in dem göttlichen Geiste, den die
Griechen νοῦς nennen, der durch und durch Leben oder vielmehr das Leben selbst ist, der nichts nicht wissen oder vergessen kann, alle Dinge, ja lebten in ihm, schon ehe sie
entstanden waren, mögen sie nun später noch erschaffen worden
sein oder von heute an bis zum jüngsten Tag noch erschaffen
werden. Wenn also der göttliche Geist die Ideen, d. i. die
Gestaltung aller Dinge, auch der kleinsten, in sich trägt, um
wie viel mehr hat er dann auch von Ewigkeit her dieses so
grosse, so neue, so wunderbare Ereignis umfasst, von dem wir
reden wollen! Ja, aus einer unabwendbaren Fügung Gottes
(das muss man glauben!) geschah es, dass unser Heer, welches
bald nach der Einnahme Zaras Alexandria zu erreichen strebte,
den Vorsatz änderte, dem mächtigen Konstantinopel den
Krieg erklärte, mit den Schiffen feindlich an den griechischen
Ufern landete und nicht weit von den Mauern der Stadt kampf-
gerüstet sein Lager schlug. — Alexis, der unrechtmässige
Herrscher, der seines Bruders Thron geraubt hatte, zog mit
grosser bewaffneter Macht den Unsrigen entgegen, musste aber
nach kurzem Kampf ihre Tapferkeit spüren und wendete sich
bald, seiner eigenen Sache und der Treue der Seinigen miss-
trauend, schimpflich zur Flucht!

Schwächling, was machst du nun? König, des Königtums würdig
                                                    so wenig,
Du, der Gesetze Verrücker, des Rechtes der Kön'ge Bedrücker,
Uns, wie den künftigen Zeiten ein Name, der frevelbereiten,
Schändlichen Mann ankündigt, was machst du nun, der so ge-
                                                    sündigt?

Das ist der Name, der rechte, für dich: «Alexis!»[1] Das Schlechte,.
Das man nicht aus kann sprechen, bedeutet er, schnödes Ver--
brechen,
Und so ermahnet er jeden, von dir nicht fürder zu reden,
Wie es auch billig und Fug ist, da voll du von List und Betrug bist!
Keiner von uns soll kennen so teuflischen Mann und ihn nennen,
Jeder auch künftig sich schämen, dich nur auf die Lippen zu nehmen,.
Dich, der den Frevel begangen, den eigenen Bruder zu fangen,
Blenden ihn liess und zum Lohne der Schandthat raubte die Krone I
Elender, also du fliehest? du wendest den Rücken, du ziehest,
Kaum dass den Feind du gefunden, zurück dich, von Furcht über-
wunden?
Kaum dass den Feind du gespüret, bevor dich ein Hieb nur be-
rühret,
Elender, lässt du dich schlagen und fahren den Thron mit Verzagen,.
Da dir doch jüngst nicht graute, wie Frevel zum Lohn ihn sich
baute?

XIII.

Durch die Flucht des Königs wurden die Bürger der
mächtigen Stadt gewaltig erschreckt. Die meisten hatten ihn.
wegen seiner Schandthaten schon vorher nicht sehr geliebt,
und da gleichzeitig Boten des j ü n g e r e n A l e x i s mit
vielen Versprechungen und Bitten sie bestürmten, und die
Unsrigen so ganz gegen alles Erwarten die Stadt mit Verderben
bedrohten, falls man nicht den rechtmässigen Thronerben als
König annähme, so öffneten die Griechen die Thore und liessen
Alexis mit dem ganzen Herr friedlich in die Mauern. Alsbald
wurde der junge Fürst mit den königlichen Gewändern
geschmückt und, wie sich gebührte, auf den Thron gesetzt.
Gütig und freigebig liess er auch sofort die Hälfte des ver--
sprochenen Geldes unseren Heerführern auszahlen, in der Hoffnung, den Rest in kürzester Frist folgen lassen zu können.
Deshalb blieben die Unsrigen noch einige Tage in der Stadt,
machten von der Willführigkeit des neuen Königs wie der
Bürger nur mässig Gebrauch und hüteten sich sorgfältig,
irgendwie als lästige Gäste empfunden zu werden. Aber die
Stadt, obwohl gross und prächtig, konnte zwei Völkern mit
so verschiedenen Sprachen und Sitten und ohne rechte gegen-
seitige Zuneigung, sowie überhaupt einer so grossen Menge
Menschen und Pferde auf die Dauer nicht recht genügen. Man
beschloss darum, sie zu verlassen, auf einem weiten, aus--
gedehnten Felde ein Lager zu schlagen und dort die Erfüllung

---

[1] Alexis = ἄλεκτος: unaussprechlich; was man nicht aussprechen kann oder darf.

des königlichen Versprechens mit mehr Behagen abzuwarten.
Kaum war der Auszug erfolgt, so regte sich in der Stadt der
Anfang heimlichen Aufruhrs gegen den König. Die Mehrzahl
murrte, dass er diese Pilger, landfremde Leute, so ausserordentlich begünstige; schon habe er fast das ganze Vermögen
Griechenlands an sie ausgeliefert und gedenke nun, noch
einmal ebenso viel oder vielleicht auch noch mehr unter
Beraubung seines Reiches an sie zu verschenken. Als zuletzt
schier alle in diese Klage einstimmten, wagten sie es sogar,
den König öffentlich zu beschuldigen; es sei unstatthaft
und müsse verhindert werden, dass er sein Land zum Vorteil
der Fremden beraube, ja den Mangel der Seinigen noch
anderen zur Beute gebe; vielmehr sei es seine Pflicht, die
Pilger als nach fremdem Gut gierige Eindringlinge mit ihnen
zu verfolgen und zu verderben! Dieser Aufruhr erschreckte
den neuen König aufs heftigste teils wegen der Treulosigkeit
seiner Bürger, die ihn allerdings nur gezwungen aufgenommen
hatten, teils wegen der Liebe, die er für uns hegte, und
wegen des Eides betreffs der Auszahlung, den er in voller
Aufrichtigkeit geleistet hatte. Man kann sich vorstellen, wie
schwer und ängstlich ihm zu Mute war in der Mitte gleichsam zwischen der Niedertracht der Seinigen und der Liebe zu
uns und dem Dank gegen König Philipp, welchen er
schwer zu beleidigen fürchtete, falls er die Unsrigen täuschte
oder ihnen ein Leid zufügte. Weil er also hierzu nicht leicht
gebracht werden konnte, so legte jener Murciflo, von dem
oben die Rede war, der schon den Vater des Alexis geblendet
und ihn selbst in den Kerker geworfen hatte, die Hand an
1204 den König, erdrosselte ihn und sagte, dass man diesen
Herrscher aus dem Leben geschafft, sei ein kleineres Uebel,
als wenn durch seine Thorheit das Vermögen von ganz
Griechenland an einige Unbekannte ausgeliefert würde. Nachdem so Alexis aus dem Wege geräumt war, setzte Murciflo,
wie ein Prinz von Geblüt, wie ein Verwandter des königlichen
Hauses, sich selbst den Stirnreif auf, machte sich, kühn und
frech zugleich, auf dem Throne breit und begann, blutige
Gedanken zu hegen. Grausam wollte er regieren und namentlich die Unsrigen verderben. Voll Abscheu vor der Gottlosigkeit
dieses Mannes rufen wir unwillkürlich aus:

O des Tyrannen! O Lug, o Wut eines neuen Barbaren,
Wie ihn der Erdball trug noch niemals in früheren Jahren!
Wo ist das Volk und das Land und die Zeit, die Thaten gesehen,
Welche vor Gott und Verstand als verrucht nur können bestehen?
Wütet so grausam ein Tier mit dem Bruder? Wer möchte das
glauben?

Wird es in blutiger Gier grundlos sein Leben ihm rauben?
Nein, was die Griechen gethan, kein Tier möcht's thun an den
Seinen!
Weh dem abscheulichen Mann, der Königen, schuldlosen reinen,
Brachte Verderben und Not, der den Vater geblendet, dem Sohne
Meuchlings gegeben den Tod und so nah doch gestanden dem
Throne!
Aber er büsst es und schwer! Der Tyrann soll, will sich gebühren,
Bald, was gesündiget er, an dem eigenen Leibe verspüren!
Schimpflich gestossen vom Thron wird fahren er lassen die Beute,
Allen verhasst, und den Hohn nur schmecken der eigenen Leute!
Arm, in Verbannung geschickt, landflüchtig, die Augen geblendet,
Kummergebeugt und verzagt, für die Unsern ein Schuft, von den
Sein'gen
Ebenso bitter verklagt, wird Lachen und Schelten ihn pein'gen,
Bis in gemeinsamem Zorn auf den Fels ihn sie führen und zwingen
Dort mit dem Kopfe nach vorn in den Tod durch die Lüfte zu
springen!
Ja, die Gerechtigkeit fand hart strafend der Sünder, den schweren:
Blutend besudelt den Sand sein Leib, den die Geier verzehren!
Welche so grausam geblickt, — wird Spott nur nach ihm gesendet!

XIV.

Als nun der grausame Mörder nach der Erdrosselung des
jungen Fürsten den Thron erstiegen, befahl er, die Nachricht
von seiner Frevelthat noch einige Zeit hinzuzuhalten und zu
unterdrücken, damit sie nicht den Unsrigen im Lager draussen
zu Ohren komme, bevor er noch eine andere Arglist erprobt
habe. Fortwährend schickte er nämlich unter dem Namen des
Alexis Boten an die Fürsten unseres Heeres mit der Einladung,
sie möchten doch aus dem Lager zu ihm kommen, um das
versprochene Geld und noch reichere Geschenke der königlichen
Freigebigkeit in Empfang zu uehmen. Als diese das hörten,
trafen sie, als Männer von christlicher Einfalt und keinerlei
Betrug ahnend, eiligst Anstalt, in die Stadt zu gehen. Fürchteten sie doch nichts weniger, als dass der neue König, den
sie selbst erhoben hatten, schon in so kurzer Frist aus dem
Weg geschafft sein könnte! Es war aber ein sehr kluger Mann
unter ihnen, der Anführer der Venetianer, blind, doch hell-
sichtigen Geistes, bei dem Kraft des Gemütes und Klugheit
das fehlende Augenlicht reichlich ersetzten. Die anderen
pflegten ihn immer bei bedenklichen Dingen sorgfältigst um
Rat zu fragen und in den gemeinsamen Angelegenheiten nach
seinen Weisungen vorzugehen. Als sie ihn nun nach ihrer
Gewohnheit auch diesmal befragten, was er von der Sache
halte, riet er ihnen ab, sich aus Liebe zum Geld der Hinterlist

der Griechen preiszugeben. Er fürchte sehr (und das war ja inzwischen eingetroffen!), dass der junge A l e x i s von seinen Landsleuten schon ermordet worden sei, oder dass er, durch sie verführt, als echter Grieche, im Vereine mit ihnen auf unser Verderben sinne. Während also die Fürsten hierüber eingehend beratschlagten, die Gesandten aus der Stadt dagegen immer dringender sie einluden, kam das Gerücht von dem Geschehenen ins Lager und erfüllte das ganze Heer mit gewaltigem Schrecken. Sah man sich doch jetzt recht eigentlich in Feindesland, inmitten eines niederträchtigen Volkes und d e n Mann aus dem Leben gerissen, den man soeben mit starker Hand und Furcht verbreitend als König eingesetzt hatte, der, wenn er noch lebte, allein den Wahnsinn der Griechen dämpfen und den Unsrigen eine kräftige Stütze sein konnte, der sie sicher und wohlbehalten aus seinem Reich an das Ziel ihrer Pilgerfahrt zu befördern vermochte! All das sahen sie jetzt vereitelt; von dem neuen König und seinen Unterthanen konnten sie mit vollster Gewissheit nur den Tod erwarten! Was sollten sie nun beginnen? Was konnten die Pilger hoffen in solcher verzweifelten Lage, zumal sie nicht den geringsten Zufluchtsort hatten, um auch nur für eine Stunde von einem feindlichen Angriff sich zu erholen? Sollten sie an die Griechen den Krieg erklären und dadurch versteckte Feinde, als welche sie dieselben längst kannten, zu offener Feindseligkeit herausfordern? Ach, die Zahl der Griechen war unermesslich und konnte noch täglich wachsen, da sie im eigenen Lande waren und alles ihnen reichlich zu Gebote stand! Die Unsrigen dagegen waren schwach an Zahl und ohne Hilfsmittel mitten unter Feinden, von denen sie, so zu sagen, nur erwarten konnten, was sie ihnen mit der Schärfe des Schwertes aus dem Leibe schnitten! Dazu drückte sie noch besonders der Gedanke nieder, dass das versprochene Geld zum grossen Teil verloren war! In der Hoffnung auf dasselbe hatten sie ihren Abzug verzögert und die eigentliche Kasse des Pilgerzuges zu anderen Zwecken angegriffen. Trotzdem fassten sie den Entschluss (und das schien unter solchen Umständen das Beste), ihre Furcht, die sie doch nicht los werden konnten, zu verhehlen, den Feinden mit einer Belagerung zu drohen und zur Rächung des erwürgten Königs die Uebergabe der Stadt zu verlangen samt allen Bürgern und jenem verabscheuungswürdigen Mörder, auf dass sie gedemütigt werde und die Schuldigen mit dem Tode bestraft. Durch diese trotzige Forderung wurde den Griechen ein solcher Schrecken eingejagt, dass sie sich kaum aus ihren Mauern wagten, namentlich aus Angst vor unseren Schleudermaschinen, deren Wirkung

ihnen um so fürchterlicher und verderblicher schien, je weniger
sie selbst die Handhabung kannten. Mittlerweile hatten die
Unsrigen ihren Mut gestärkt und waren auf beides gefasst :
entweder sich zurückzuziehen, wenn sich eine ehrenvolle,
geeignete Gelegenheit böte, oder die Feinde anzugreifen und
durch sie und mit ihnen den Tod zu erleiden, falls sie doch
es wagten, aus ihren Mauern zum ˌKampfe auszufallen. Denn
auf Sieg über eine solche Uebermacht oder auf die Erstürmung
der Stadt durften sie nicht hoffen ; dazu war diese zu stark,
und andererseits wuchs die Zahl der Feinde tagtäglich in
unberechenbarem Masse. Aber je eifriger unser Heer einen
Zusammenstoss wünschte, um mit den Feinden den Tod zu
finden, desto beharrlicher scheuten sich diese, den Sieg mit
ihrem Leben zu bezahlen, zumal sie voraussahen, dass die
Pilger in dem feindlichen Land bald Mangel leiden würden,
während sie selbst in ihrer Stadt in Ueberfluss schwelgten.

Höret, nun will ich euch singen von neuen, erstaunlichen Dingen;
Bücher der Vorzeit bringen von nirgends ein solches Gelingen!
Oder wer hätte vernommen, dass viele vor wenigen Frommen,
Statt aus den Mauern zu kommen, sich bargen, von Aengsten be-
              klommen?
Wenige Tapfere wagen mit tausenden, ohne zu zagen,
Sich bis zum Tode zu schlagen, um Tod in die Feinde zu tragen!
Furcht mag keinen entfärben! Im Blutbad wollen sie sterben,
Bieten die Brust dem Verderben und Heil nicht fliehend erwerben!
Was auch das Schicksal beschlossen, der Kranz muss ihnen doch
              sprossen,
Wenn für das Blut der Genossen sie griechisches reichlich ver-
              gossen!
Kann sie ein Bangen bethören? O nein, fest steh'n sie und schwören,
Stürmend die Stadt zu zerstören, obgleich sie dem Tod schon ge-
              hören!
Hat dann der Kampf sich entsponnen, so bleiben sie kühn und
              besonnen,
Selbst wenn zu zweifeln begonnen das Herz, ob die Schlacht sie
              gewonnen!
Tapferen ist es ja eigen, wenn auf die Besorgnisse steigen,
Heimliche Furcht zu verschweigen und fröhliche Mienen zu zeigen!
Oft dann wird es geschehen, dass wunderbar, kaum zu verstehen,
Wieder das Glück aufgehen die ganz schon Verzweifelten sehen!
So ist's hier auch gekommen : denn just als die Hoffnung ver-
              glommen,
Hat das Geschick für die Frommen noch günstige Wendung ge-
              nommen.

XV.

Unser Heer halte sich also, wie gesagt, vor der königlichen
Hauptstadt gelagert, aber ohne auch nur einen Schimmer von
Hoffnung, sie einzunehmen. Zahllose Bürger wohnten in ihr,
und an allen Schätzen herrschte Ueberfluss. Zudem war sie so
stark befestigt, dass sie schon von einer handvoll Leute gegen
zahlreiche Feinde verteidigt werden konnte. Die Stadt bildet
nämlich ein Dreieck, wie diejenigen versichern, die sie gesehen
haben. Jede Seite ist eine Meile lang. Nach dem Lande zu ist
sie von einem mächtigen Wall und einer dreifachen festen
Mauer umschlossen; rings herum entragen derselben starke
Türme, die so nahe beisammen liegen, dass ein siebenjähriger
Knabe von einem Turm zum andern einen Apfel werfen kann.
Die Bauart der Gebäude im Innern der Stadt aber, nämlich an
den Kirchen, den Türmen und den Häusern der Vornehmen
kann kaum ein Mensch beschreiben, und wer sie beschriebe,
würde nicht Glauben finden. Das muss man mit eigenen Augen
gesehen haben! Auf der Seeseite, da wo der Hellespont, der
Asien von Europa trennt, die Stadt bespült und an einigen
Stellen so schmal wird, dass der Blick von Ufer zu Ufer reicht,
auf der Seeseite, sage ich, wo wegen des belebten Hafens, der
zu den sichersten und berühmtesten gehört, kein Wall hergestellt werden konnte, sind die Mauern von ganz erstaunlicher
Dicke, und die Türme, dicht nebeneinander, in einer Höhe
aufgeführt, dass jedermann davor zurückschreckt, den Blick
nach ihrer Spitze zu erheben! Aber nicht von Anfang an hatte
die Stadt die gegenwärtige Festigkeit und Schönheit. Vor Alters
war sie wie alle anderen Städte und hiess mit ihrem griechischen Namen B y z a n z, weshalb auch die Goldmünzen, welche
man dort zu schlagen pflegte, heutzutage Byzanzer genannt
werden. Erst später gelangte sie zu der jetzigen Pracht und
Herrlichkeit, und zwar aus Anlass eines Gesichtes im Königs-
schloss, wovon wir noch sprechen werden. Obschon dieses Gesicht nur kurz währte und unbedeutend scheint, war es doch,
wie die.Folge zeigte, der Vorbote einer wichtigen Sache. Wie
nämlich zuweilen kleine Ereignisse durch grosse Gesichte angedeutet werden (man denke nur an den Traum Josephs, wo
die Sonne, der Mond und elf Sterne seinen Vater, seine Mutter
und die elf Brüder` bezeichnen), so finden wir auch manchmal
durch unbedeutende Gesichte grosse und wichtige Dinge angedeutet, wie bei dem Gesichte Daniels, wo, wie wir lesen, durch
einige Tiere die mächtigsten Weltreiche dargestellt werden.
Deshalb täuschen sich auch diejenigen, welche glauben, es sei

kein Unterschied unter den Erscheinungen, die sie im Schlafe
zu sehen meinen, all das sei Blendwerk und enthalte nicht das
mindeste Geheimnis.

Glaube mir: häufig enthalten im Schlummer geschaute Gestalten
Wahres für künftige Zeiten. Das soll kein Mensch mir bestreiten!
Wahres verkünden die Träume; nicht jedesmal nennen wir Schäume,
Was wir, vom Schlaf überwunden, im Bild so deutlich empfunden.
Joseph mag es bezeugen : der Traum, wo die Garben sich beugen,
Ob man in Blut eintauchte das Kleid und die Lüge gebrauchte,
Dass er von Tieren zerrissen, erfüllte sich doch, wie wir wissen!
Er, der die fruchtbaren Tage, wie Hunger und Teuerungsplage
Unter den «sieben» Aehren voraussah, kann es bewähren!
Nebukadnezar desgleichen, erkennend die Träume für Zeichen
Seines Verderbens und zagend um Deutung den Daniel fragend,
Kann es lebendig bezeugen. Den Gott, dem die Himmel sich beugen,
Den er verachtet, bekannte der Knecht nun, an den er sich
                                                wandte! —
Schreitet die Nacht auf den Wegen, so tritt manch Bild uns ent-
                                                gegen,
Schauen im Traum wir Gestalten, die tief aus dem Blut uns ent-
                                                wallten.
Manchmal sind es nur wilde, verworren gedachte Gebilde,
Welche Phantasmen benennen die Griechen; doch wo zu erkennen
Mehr als luftige Schäume, da heisst man Gesichte die Träume.
Solchergestalt ist gewesen das Bild auch, von dem ich gelesen
Oft mit bedächtigen Mienen, dass einst es dem König erschienen.

XVI.

Jenes Gesicht also, das, wie gesagt, den Anlass zu der Schönheit und dem Ruhme dieser Stadt gegeben hat, wird auf
folgende Weise erzählt und auch in Büchern geschildert:
Konstantin, der Kaiser der Griechen und Römer, überliess nach der berühmten Schenkung, durch welche er zum
Dank für die wunderbare Wiederherstellung seiner Gesundheit
und die Vertreibung des Aussatzes, Christum selbst als seinen
Helfer und Heiland, und die beiden seligen Apostel Petrus und
Paulus sowie den damals regierenden Papst Sylvester, ja
die ganze christliche Kirche königlich geehrt hatte, seine
bisherige Hauptstadt Rom dem heiligen Petrus, zog nach
Griechenland und erwählte vor allen anderen Städten Byzanz
zu seinem Wohnsitze. Als er nun dort eines Nachts auf
seinem königlichen Lager schlafend ruhte, sah er im Traume
eine uralte tote Frauengestalt und den heiligen Papst Sylvester,
welcher zu ihm sagte: «Du kannst und sollst sie ins Leben
zurückrufen!» Der Kaiser folgte dem Wort, erweckte sie, und

sah eine wunderschöne Jungfrau vor sich, deren keuscher Liebreiz seinen Augen so wohlgefiel, dass er ihr ein königlich Gewand anlegte und auf ihr Haupt seinen Stirnreif setzte. In diesem Augenblicke erschien auch seine Mutter Helena und sprach zu ihm: «Diese Jungfrau, mein Sohn, wirst du als Gemahlin besitzen bis an das Ende der Zeiten, und ihre Schönheit wird nicht aufhören!» — Der Kaiser erzählte dieses Gesicht verschiedenen Personen, und da ihm der eine diese, der andere jene Auslegung gab, so beschloss er, ununterbrochen zu fasten, bis ihm Christus durch seinen Knecht Sylvester die Bedeutung erklären würde. Als er nun sieben Tage gefastet hatte, erschien ihm in der siebenten Nacht der heilige Sylvester im Traum und sagte: «Die alte Frau, die du geschaut hast, ist diese Stadt, welche, heruntergekommen und gleichsam schon tot vor Alter, durch dich zu solcher Pracht erneuert werden soll, dass sie die Königin aller Städte Griechenlands genannt wird.» Der König, durch dieses Gesicht mehr erfreut als erschreckt, rief sofort aus dem ganzen Lande Maurer und Zimmerleute herbei, welche die Stadt vergrössern, mit Mauern und Türmen befestigen und mit Kirchen und anderen Gebäuden ausschmücken mussten, bis sie sich zu der gegenwärtigen Schönheit verjüngt hatte, und, wie man sagt, Rom ähnlich geworden war. Deshalb ist die Stadt auch zuweilen ein zweites Rom genannt worden, und das umliegende Land heisst heute noch Romania. Damit aber auch nicht die geringste Spur von Alter zurückbleibe, liess der Kaiser den früheren Namen, der die Leute an den ehemaligen niederen Zustand erinnern konnte, gänzlich unterdrücken und ordnete an, dass sie Konstantinopolis heisse, nach seinem eigenen Namen und dem griechischen Worte «polis», welches Stadt bedeutet. — Diese Stadt also belagerten die Unsrigen, wie gesagt, von der Landseite, mehr freilich durch die Umstände dazu gedrängt (denn sie durften ja aus den mitgeteilten Ursachen nichts anderes zu thun wagen) als in der Hoffnung auf einen siegreichen Ausgang, zumal die Stadt für uneinnehmbar galt. Und als sie auf der Landseite keinen oder nur geringen Erfolg hatten, entschlossen sie sich, auf der anderen, der Seeseite, nicht sowohl das Glück als vielmehr unter grosser Gefahr die Macht göttlicher Hilfe zu erproben, ohne welche, wie sie wussten, doch nichts vollbracht werden konnte. Sie stiegen also auf ihre Schiffe, gaben sich zum Schrecken der Feinde den Anschein zornigen Ungestüms, setzten über die Meerenge, nahmen heldenmütig am Ufer der Stadt gegenüber Stellung und begannen eingehend zu beraten, wie nun nach dieser Aenderung des ursprünglichen Planes die Sache zum Tod oder zum Sieg hinauszuführen sei.

1204

Aber was thun? wo finden sie Rat, wo greifbare Ziele?
Haben sie Macht, und zu hoffen ein Recht selbst nur auf den Zufall,
Sie, die an Zahl so gering, ein Häuflein wehrloser Pilger,
Fussvolk meistens, ein Heer, das weder mit Helmen bewaffnet,
Noch mit Panzer und Schild, das alles entbehrt, was der Krieger
Braucht, wenn er Städte bestürmt, um das Steinegeschleuder von
          oben
Und der Geschosse Gewitter mit kräftigem Arm zu empfangen
Und zu verscheuchen den Tod, so oft im Geschoss er herabsaust?
Zahllose Schiffe dagegen am starken, befestigten Ufer,
Reichlich bemannt mit tapfren Matrosen und griechischen Truppen,
Sehen sie vor sich, bereit, auf der See zu bedrohen die Pilger!
Hoch auf den Zinnen der Türme, dem Rande der ragenden Mauer
Stehen die Bürger in Haufen, die Hände gerüstet, um herzhaft
Steine herunter zu werfen und Balken und Lanzen und Pfeile,
Oder die Schiffe des Feinds zu verbrennen mit griechischem Feuer!
Gegen so viele Gefahren des Todes vermochten die Unsren
Nirgends sich recht zu behaupten, nachdem sie verlassen das Fest-
          land;
Ruhelos stets auf schwankendem Kiel von den Fluten geschaukelt,
Konnten sie auch die Belagerungsgeräte, die Schleudermaschinen
Nicht aufstellen und bringen in Gang auf sicherem Boden.

XVII.

Aus den zahllosen feindlichen Schiffen brachen von Zeit
zu Zeit einige besonders leichte und schnelle hervor, um die
Unsrigen zu reizen und ihre Tapferkeit durch solch plötzlichen
Ueberfall auf die Probe zu stellen. Aber man fuhr ihnen entgegen und trieb sie mit Spiessen und Pfeilen und namentlich
durch den Schreck der Wurfmaschinen ohne grosse Mühe
zurück. Da fragten die Unseren wieder jenen blinden, aber
scharfsichtigen Mann, den oben erwähnten Anführer der Venetianer, um seine Meinung und erhielten von ihm den Rat, auf
jedem Schiff in der Nähe des Mastes noch andere hohe, starke
Bäume aufzurichten, sie fest in den Schiffsrumpf einzufügen
und dann mit dem Mastbaum selbst und unter sich durch
Taue stark zu verbinden, dass sie ihnen gewissermassen wie
Holztürme, wie Schanzwerke zum Schutze dienten. An diesen
Bäumen, die in einer gewissen Entfernung von einander auf-
zustellen seien, sollten sie dann auch eine Art von Stufen an-
bringen, auf denen je vier oder sechs beherzte Männer zur
Verteidigung der Schiffe und um die Feinde von oben herab
zu bekämpfen, schnell auf- und absteigen könnten. Das geschah
denn nun auch, und jene Türme, oder, wenn du lieber willst,
jene Treppen wurden in einer Höhe ausgeführt, dass sie zum
grössten Teil alle Türme und Vorrichtungen der Griechen über-

ragten. Auch befestigte man sie und die Schiffe auf allen Seiten
mit solcher Kunst, dass die Unsrigen fortan weder Geschosse
noch Steine, weder das gewöhnliche noch das sogenannte
griechische Feuer zu fürchten hatten. Nachdem sie die Schiffe
so ausgerüstet, fuhren sie näher an die Stadt heran und beschlossen, zunächst in der Eroberung des Hafens und der feindlichen Flotte die Gunst Gottes zu erproben, damit sie sich, auf
dieser Seite einmal erst gesichert, desto getroster und leichter
an den Sturm auf die Mauern und Türme machen könnten.
Dieser Hafen war aber an sich schon ein sicherer Zufluchtsort
und überdies noch durch eiserne Ketten von ausserordentlicher
Grösse abgesperrt, die von einem Ende zum andern liefen und
sämtliche Schiffe sozusagen unter gemeinsamem Verschluss
hielten. Die Unsrigen durchbrachen diese Ketten mit vieler
Mühe; die Griechen aber ergriff, namentlich vor den Wurfmaschinen, die sie nicht aushalten konnten, ein solcher Schreck,
dass sie flohen und ihre Schiffe den Siegern zurückliessen,
welche dieselben natürlich sofort als willkommene Kriegsbeute
in eigenen Gebrauch nahmen. Dann wurden die Turmschiffe
so weit als möglich an die Mauer herangebracht, und während
schon etliche Tapfere auf Leitern hinaufkletterten, verkündeten
Heroldsrufe, dass, wer zuerst die feindliche Mauer ersteige,
100 Mark als Siegerlohn erhalten sollte. O, wie eifrig begehrten
da alle, was doch nur einem zu teil werden konnte, nicht
sowohl aus Verlangen nach dem verheissenen Gelde, als zur
Ehre Gottes, zum Nutzen der gemeinsamen Sache, zum Gewinn
des begonnenen Werkes! Während die einen schon auf den
obersten Sprossen standen und dort sich behaupteten, kletterten
die anderen so hastig nach, als wollten sie die obersten mitten
unter die Feinde treiben und selbst ihnen nachstürzen! Und
nun kriegen sie von oben den Feind unter sich und über-
schütten ihn mit einem furchtbaren Hagel von Lanzen, Wurf-
spiessen und Pfeilen, so dass er von Unruhe und Schreck nicht
weiss, was dagegen anfangen, und in grosse Bedrängnis gerät.
Die Furcht vor den Wurfmaschinen und das Ungestüm der
Angreifer lähmte die meisten förmlich, zumal dies Volk schon
von Natur feig ist! Und als nun einer sich zeigte, der als
erster auf die Mauer sprang, als andere blitzschnell ihm folgten,
da fasste die Bürger unaufhaltsam bleiches Entsetzen! Schon
sehen sie den Feind in ihren Reihen, laufen allenthalben die
Mauer entlang auseinander und stürzen in wilder Flucht davon,
als ob sie nach dem Verlust der Mauern in ihrer Stadt, die
sie unter dem Schutz derselben nicht hatten verteidigen können,
noch Sicherheit zu finden vermöchten! Die Unsrigen aber verteilten sich rasch auf die Mauer und machten sich an die Be-

selzung der Türme. Schon waren ihrer fünfzehn oder mehr
eingedrungen, als die Feinde gleichsam Atem schöpften und
teils von Scham, teils von der augenscheinlichen Gefahr ange-
spornt, wieder einigen Mut zu fassen begannen. Sie ermunterten
sich gegenseitig und drangen zugleich mit Geschrei und einem
Hagel von Geschossen aller Art auf die Stürmenden ein. Das
ersah ein deutscher Graf und gab sofort den Befehl, die Stadt
auf einer Seite in Brand zu stecken, damit die Griechen unter
der doppelten Bedrängnis des Kampfes und der Feuersbrunst
leichter überwältigt würden. Das geschah und ihat seine Wirkung. Durch die Klugheit dieses Mannes besiegt, wandte sich
der Feind jetzt völlig zur Flucht, während diejenigen der Unseren, welche schon innerhalb der Mauern Fuss gefasst hatten,
die von den Griechen durch Steine und Gebälk sorgfältig ver-
rammelten Thore frei machten, sie aufschlugen oder aufbrachen
und so den noch auf den Schiffen befindlichen Gefährten den
ersehnten Zugang eröffneten. Das geschah am Palmsonntag; 12. April
Gott hatte es so gefügt: das Heer Christi sollte siegreich in
die treulose Stadt eindringen just an dem Tage, an welchem
Christus zum Triumph seines Leidens in die heilige Stadt
Einzug gehalten.

Dringet hinein, ihr heisst jetzt Christi heilige Streiter,
Dringet hinein in die Stadt, die Christus gegeben dem Sieger!
Malt euch Christum vor Augen, den König des Friedens, der heute
Fröhlichen Blickes voran euch zieht, sein Eselein reitend ;
Ihr schlagt Christi Kriege, vollendet, was Christus als Richter
Strafend verhängt, und es schwebt sein Wille vor eueren Waffen!
Dringet hinein mit Droh'n auf die Feigen, und treibt sie zu Paaren,
Donnert den Schlachtruf, schwinget das Schwert, doch kargt mit
                                        dem Blute !
Stürzt sie in Angst, doch denket dabei, dass Brüder es seien,
Die ihr bedrängt, obgleich sie's verdient durch lange Verschul-
                                        dung !
Euch will Christus begaben mit ihren, der Schuldigen, Gütern,
Dass kein heidnisches Volk im Triumph sie künftig beraube!
Siehe, Gebäude mit strotzenden Kammern, sie stehen euch offen;
Manch uralter Besitz wird neue Besitzer bekommen.
Aber bezähmt einstweilen den Sinn und zügelt die Hände,
Schiebet die Stunde hinaus und verschmäht jetzt Beute zu
                                        machen !
Stürzt in den zagenden Feind und bedrängt die Geschlagenen
                                        furchtbar,
Lasst sie zu Atem nicht kommen, nicht wiederum Kräfte gewinnen !
Erst wenn ganz aus der Stadt ihr verjagt habt sämtliche Feinde
Wird für die Beute dem Sieger erscheinen die richtige Stunde !

XVIII.

So standen also die Thore offen, und von den Schiffen drangen
die Unseren herein mit lautem Freudengeschrei! Welch ein
Schreck für die Feinde, als ihnen nun Lanzen, Schwerter, Wurfmaschinen, Pfeile und Geschosse jeder Art Tod und Verderben
zu bringen schienen, während die Pilger im Grund gar nicht
die Absicht hatten, blindlings Blut zu vergiessen. Trieben sie
doch das Volk wie zerstreute Schafe durch alle Strassen der
Stadt vor sich her! In solcher Masse floh es, dass selbst die
grosse Breite der Strassen kaum ausreichte, den Flüchtigen
Raum zu gewähren. Furchtbar und ungestüm war der Feind
auf ihren Fersen; er liess sie weder Atem holen, noch einen
Blick zurückwerfen! Aber obgleich die Unseren den Feinden
eine Niederlage bereiteten, grösser, als sie jemals zu hoffen
gewagt, fielen von ihnen selbst doch nur sehr wenige. Auch
übten sie möglichste Schonung im Kampf, da sie ja von den
Geistlichen im Kreuzheer, von Martinus nämlich und den
anderen, häufig ermahnt worden waren, ihre Hände, soweit es
angehe, von Blutvergiessen fern zu halten. Gleichwohl blieben
an diesem Tag etwa 2000 Bürger, aber nicht durch das Schwert
der Unseren, sondern durch eine Anzahl Franzosen, Italiener,
Venetianer, Deutsche und Leute anderer Nationen, welche
vorher in der Stadt gewohnt, aber in der Zeit der Belagerung
als des Verrates verdächtig ausgewiesen worden waren und
sich den Unsrigen angeschlossen hatten. Diese gedachten der
ihnen widerfahrenen Unbill und nahmen an den Griechen
grausame, fürchterliche Rache! Von den Unsrigen ist überhaupt eigentlich nur e i n Mann gefallen, ein berühmter Ritter
von edelstem Blut, der die Feinde zu hitzig verfolgte, dabei
unvorsichtigerweise mit seinem Rosse in eine Grube stürzte
und von allen Gefährten mitten in der Siegesfreude herzlichst
bedauert wurde. Als nun die Feinde sämtlich besiegt und
elendiglich aus der ganzen Stadt vertrieben waren, wurden die
Thore wieder sorgfältig geschlossen, und jetzt erst erlaubten
sich die Sieger nach Beute zu schauen. Es war ihnen nämlich
bei Todesstrafe verboten gewesen, ehe der Sieg völlig gesichert
sei, an Beute zu denken. Da fanden sie nun bei jedem Schritt
Gold- und Silbergeld in Haufen, einen blinkenden Schatz von
Edelsteinen und Gewändern, einen Ueberfluss an kostbaren
Waren, eine Fülle von Nahrungsmitteln und so herrliche, mit
allem Wohlleben ausgestattete Häuser, dass sie mit einem Schlag
aus armen Ankömmlingen reiche Bürger wurden! Inzwischen
aber hatte die Feuersbrunst fast ein Drittel der Stadt verwüstet,
da Einwohner wie Fremde, durch nähere Gefahr beschäftigt,

an das Löschen der ungehindert um sich greifenden Flammen
nicht hatten denken können. Weiber und Kinder und gebrech-
liche Greise, welche, unfähig zur Flucht, in der Stadt zurück-
geblieben waren, legten, wo sie die Unsrigen trafen, zwei
Finger in Kreuzform und sangen dazu ganz kläglich: « Aiios
phasileos marchio!» d. h. «heiliger König und Markgraf.» Sie
thaten das, weil die Griechen von den Unsrigen den Markgrafen noch am meisten kannten und ihn deshalb für den
höchsten Fürsten hielten, der ohne Zweifel der künftige König
der eroberten Stadt sein werde. Aber Gott hatte es anders beschlossen.

Hier mag klar man erkennen, dass Glück ein Spiel nur zu nennen ;
Wertlos sind und geringe dem Schicksal menschliche Dinge !
Nichts kann bleiben ja; schnelle verändert noch immer die Stelle
Irdischen Glücksterns Prangen, nach dem wir geschaut mit Ver-
langen !
Wen in die Höhe geschnellet das Glück, wird wieder zerschellet :
Heute zermalmt ihn der Wagen, der gestern noch stolz ihn ge-
tragen !
Diesen aus ärmlichem Leben zu Reichtum wird es erheben,
Jenen aus schimmernden Schätzen in dürftige Lage versetzen !
Weder die Furcht wirds quälen, in Willkür immer zu fehlen,
Noch ein erbarmend Bedenken, was mein ist, dir zu verschenken ! —
Barren des gelben Metalles (das Galliern geht über alles !),
Silber der Ahnen, verstecktes, vom Blut der Verteid'ger beflecktes,
Musste dereinst den Argivern das glänzende Ilium liefern,
Als es von ihnen geschlagen. Und all das wurde getragen
Dann nach Byzanz, aus der alten die stolzere Stadt zu entfalten
Mit dem veränderten Namen, dem bessere Schicksale kamen.
Hellas, das reiche, bescheerte die Bürger ihr, weithin geehrte,
Und die gesammelte Beute des Ruhmes von früher und heute :
Schätze, geraubet dem Mute der Troer, bespritzt noch vom Blute,
Alles (wer kann es ermessen?), was Köstliches Priam besessen,
Alte Gefässe von Golde, von Silber, so schwer man es wollte,
Perlen und herrlich Geschmeide und Kleider von Sammet und Seide !
Sehet, so hat, wie ich glaube, bereichert mit zahllosem Raube
Konstantinopel vor Zeiten der Herr, um geheim zu bereiten,
Dass einst fröhliche Sieger, auf ihn nur trauende Krieger,
Dorten den Raubschatz fänden, gesammelt von früheren Händen.
Zukunftsmächtig in Stille regiert so der göttliche Wille ;
Gott hat alles versehen ; wie Er will, muss es geschehen.

XIX.

Während nun die Sieger die eroberte Stadt, die sie nach
Kriegsrecht jetzt als ihr Eigentum betrachten konnten, fröhlich
plünderten, fing auch der Abt Martinus an seine Beute zu
denken an und beschloss, um nicht leer auszugehen, wo sich

alle anderen bereicherten, seine geweihten Hände gleichfalls
nach Raub auszustrecken. Dabei hielt er es aber für unwürdig,
mit solchen Händen gemeine, weltliche Beute zu berühren, und
richtete deshalb sein Augenmerk darauf, einen Teil von Reliquien der Heiligen zusammenzubringen, wovon, wie er
wusste, in der Stadt eine grosse Menge vorhanden war. Von
einem seiner beiden Kaplane begleitet, schritt er in der Vor-
ahnung grosser Dinge auf eine Kirche zu, die in besonderer
Verehrung stand, weil die Mutter des berühmten Kaisers
Emanuel ihre fürstliche Gruft darinnen hatte. Den Griechen
galt diese Stätte für höchst wichtig, den Unseren dagegen war
sie an sich ganz gleichgiltig. Aber es wurde in ihr aus der gesamten
Umgegend eine Menge Gold aufbewahrt, sowie kostbare Reliquien, die man in der vergeblichen Hoffnung, sie hier gesichert
zu wissen, aus den benachbarten Kirchen und Klöstern in diesem
Gotteshause aufgespeichert hatte, was vor der Eroberung der
Stadt den Unsrigen von den durch die Griechen Vertriebenen
mitgeteilt worden war. Während nun viele Pilger auf einmal
in diese Kirche eindrangen und jeder mit der Erbeutung von
Gold und Silber und anderen Schätzen eifrig beschäftigt war,
hielt es Martinus für unwürdig, Kirchenraub zu begehen,
ausser in heiligem Dienste, und suchte deshalb einen verborgenen
Raum auf, der gleichsam schon durch seinen religiösen Hauch
zu versprechen schien, dass man hier finden könne, was er so
heiss begehrte. Bald stiess er auch auf einen Greis von
schönem Angesicht mit langem grauen Bart. Es war ein
Priester, aber seiner ganzen äusseren Erscheinung nach mit
unseren Priestern nicht im entferntesten zu vergleichen. Der
Abt hielt ihn daher auch für einen Laien und fuhr ihn, obgleich
innerlich milde gesinnt, mit barscher, furchterregender Stimme
an. «He da,» rief er, «du treuloser alter Grieche, zeige mir
die vornehmsten Reliquien, die du verwahrst; wenn nicht,
so wisse, dass dein letztes Stündlein geschlagen hat!» Dieser
aber, mehr durch die Heftigkeit des Klanges als durch die
Worte selbst erschreckt (denn er vernahm nur den Klang,
konnte aber den Sinn nicht verstehen und wusste auch nicht,
dass der Abt im stande sei, sich griechisch auszudrücken), begann in lateinischer Sprache, die er einigermassen konnte, den
Fremden zu beruhigen und seinen Zorn, der im Grunde gar
nicht vorhanden war, durch Höflichkeit zu besänftigen. Jetzt
aber brachte es der Abt nur mit Mühe dahin, dem Alten in
der nämlichen Sprache begreiflich zu machen, was er von ihm
verlange. Der Grieche betrachtete sich Gesicht und Aussehen
des Fremden, erwog, wie viel weniger anstössig es sei, wenn
ein Geistlicher mit frommer Ehrfurcht die heiligen Reliquien

an sich nehme, als wenn vielleicht Laienhände sie mit Blut
befleckten, schloss darum endlich die eiserne Truhe auf und
zeigte den begehrenswerten Schatz, welcher dem Able Martinus lieber und erwünschter däuchte als alle Herrlichkeiten
Griechenlands. Ihn schauen und mit beiden Händen begierig
in den Schrein greifen, war bei dem Abte das Werk eines
Augenblickes. Rasch entschlossen, wie es seine Art war, füllte
er sich die Taschen mit dem heiligen Kirchenraub (das Gleiche
that sein Kaplan), verbarg wohlweislich, was ihm das wert-
vollste schien, und ging mit schnellen Schritten hinaus. Was
für Reliquien es waren, die der heilige Mann auf diese
Weise erbeutete, und wie grossen Wert für die Andacht sie
haben, darüber wird am Schluss dieses Büchleins das Nötige
gesagt werden. Als er nun (wenn ich so sagen darf) solchergestalt ausgestopft nach den Schiffen eilte, sahen ihn Freunde
und Bekannte, die just von den Schiffen zur Beute liefen, und
forschten ihn scherzhaft aus, ob er etwa selbst geplündert habe
und mit was für Dingen belastet er da des Weges komme. Er
aber sagte mit seinem gewöhnlichen heiteren Ausdruck freundlich die Worte: « Uns ist es gut ergangen! » Und als man ihm
ein «Gott sei Dank» zur Antwort gab, schritt er schleunigst
weiter, weil ihm jeder Aufenthalt lästig war, kehrte in sein
Schiff zurück und stellte die geliebte Kriegsbeute dort einstweilen
ab in seinem keuschen, reinlichen Schlafraume, bis sich der laute
Lärm in der Stadt legen würde. Auf dem Schiffe verharrte er
dann noch drei Tage in eifriger Andacht, ohne dass jemand
in die Sache eingeweiht war, ausser dem Kaplan und dem Greise,
der ihm die Heiligtümer übergeben hatte und sich nun vertraut
an ihn anschloss, da er sah, dass er es mit einem wohlwollenden
und freigebigen Manne zu thun habe. Ebenderselbe besorgte
ihm auch dienstfertig bei einer der Kirchen der Stadt mittlerweile eine anständige und bequeme, seinem Stand angemessene
Wohnung. Und als dann die Ruhe wiederhergestellt war,
siedelte der Abt mit jenem Kaplan und dem heiligen Geheimnis
in dieses Quartier über und verweilte darin den ganzen
Sommer, die Reliquien in ununterbrochener Inbrunst hegend
mit einer Verehrung, die zwar heimlich, aber desto andächtiger
war und durch die Innigkeit ihrer Hingabe die öffentliche
Anbetung ersetzte. Und er blieb gerne noch in Konstantinopel.
Denn er hatte vernommen, dass der von den Heiden verletzte
Waffenstillstand erneut worden sei. Auch war infolge der
grossen Umgestaltung der Verhältnisse die Schiffahrt in den
dortigen Meeren noch nicht recht sicher, ganz abgesehen davon,
dass ihn auch die Liebe zu seinen Gefährten fesselte, und er
überhaupt doch die endgiltige Entscheidung über Stadt und

Land abwarten wollte, um in der Heimat denen, die ihn geschickt hatten, bestimmte Nachricht über den Gang der Ereignisse bringen zu können. — So war denn nun die berühmteste Stadt Griechenlands, die Hauptstadt des Reiches, in kürzester Zeit erobert, geplündert und von den Siegern in Besitz genommen worden. Mögen andere zusehen, welche Bedeutung sie dieser Thatsache beilegen; ich für meine Person bekenne, in allen Büchern der Geschichtsschreiber und Dichter nichts Aehnliches oder gleich Grossartiges gelesen zu haben. Ich glaube auch nicht, dass es ohne ein handgreifliches Wunder der göttlichen Gnade einer so kleinen Schar möglich gewesen wäre, diese starke Stadt, der ganz Griechenland zu Diensten stand, so plötzlich und leicht am hellen Tag in die Hand zu bekommen. Man bedenke nur, dass hier sozusagen in einem Augenblick wenige Helden mehr gethan haben, als die alten Dichter ihren ungezählten Tausenden vor Troja in zehn Jahren zuschreiben.

Fabelnde Dichtkunst soll hier nicht Leichtgläubige hänseln,
Nicht Platz greifen erlogene Mär' wie bei Sängern der Vorzeit!
Kein Homer und Virgil soll täuschen die Griechen und Römer,
Beide geschickt, wie bekannt, in die Wahrheit Dichtung zu
                                    mischen.
Einfache Wahrheit singen wir nur; was unseren Zeiten
Grosses geglückt, wir schreiben es auf in genauester Folge.
Wenn wir so f e i n nicht schreiben wie jene, so sicherlich
                                      w a h r e r,
Und Alltägliches färben wir nicht mit täuschender Schminke.
Gleichwohl bringen in wahrem Bericht wir grössere Dinge,
Als die Poeten, so hoch man sie preise, zusammengefabelt!
Welcher Atride vermag sich zu messen mit unsern Triumphen,
Welcher der tausend trojanischen Siege des griechischen Volkes?
Schiffe besassen sie viele, gewiss zwölfhundert, und dennoch
Brachten sie Troja zu Fall kaum, als neun Jahre verflossen!
Wir hingegen errichteten kühn auf wenigen Schiffen
Ragende Türme und nahmen sogleich in der ersten Berennung
Eine bevölkerte Stadt, wie Asiens Erde nur wenig
Andere kennt, auch Afrika nicht, noch unser Europa!
Jene bewog ein Weib zu dem Kampf — Schmach ihrem Gedächtnis! —
Aber die Unsren die Pflicht, den ermordeten König zu rächen.
Ilium brachte das Pferd und des Sinon Betrug um die Mauern,
Aber der Tapferkeit nur ist Konstantinopel gefallen.
Jene verschlang auf der Heimkehr noch schier alle die Meerflut,
Aber die Unsern beherrschten die Stadt, die eroberte, fröhlich.
Also nur fort mit der Fabel, der alten, vom troischen Kriege;
Neue, berühmtere Thaten erzählt und grössre Triumphe!

XX.

Als nun die Stadt erobert und geplündert und jedes
Gebäude an einen neuen Bürger verteilt war, wurde, damit
man doch nicht ohne Haupt bliehe, allmählich die Frage der
Einsetzung eines Königs in Erwägung gezogen. Es waren zwei
Männer in unserem Heere, beide sehr angesehen und berühmt,
der Markgraf Bonifacius von Monferrat und der Graf
Balduin von Flandern. Nur einer von diesen beiden
konnte zum König erwählt werden. Das leuchtete von selbst
ein und fand den Beifall des gesamten Heeres. Weil aber
jeder von ihnen auf die Gunst und die Stimmen vieler Anhänger
zählen und doch der Eine dem Anderen nicht wohl vorgezogen
werden konnte (beide galten eben für gleich tüchtig), so schien
es allen das Geeignetste, die Sorge der entscheidenden Wahl
auf 12 Männer zu übertragen, welche vor allen anderen im
Rufe besonderer Unabhängigkeit und hervorragender Klugheit
standen. Nach langer Ueberlegung ernannten dieselben den
Grafen von Flandern, der dann auch auf den Königsthron
gesetzt und mit dem Stirnreif gekrönt wurde. Die Provinzen
aber seines Reiches teilte man in drei Teile; der eine stand
unmittelbar unter der Botmässigkeit des Königs, den zweiten
nahmen die Venetianer in Besitz, und der dritte, der aus-
gedehnteste von allen, Thessalonien nämlich, wurde dem Markgrafen übergeben. Dieser, wie wir aus sicherster Quelle wissen,
wollte auch unseren Martinus bei sich behalten und zum
Bischof machen. Aber der Abt, seiner Gelübde eingedenk, lehnte
das unter Danksagung ab und zog vor, wenn es Gottes Wille
wäre, als bescheidener Privatmann zu seinen Brüdern zurück-
zukehren. — Hierauf wurden die kleineren Erwerbungen, wie
Burgen, Städte, Dörfer und dergleichen, unter die geeigneten
Personen verteilt. Gesetze und Rechte aber und die übrigen
Einrichtungen, welche von alters her in Stadt und Land
herrschend waren, liess man bestehen, so weit man sie löblich
fand; was dagegen verwerflich schien, wurde entweder verbessert oder ganz abgeschafft. Während sich das in der Stadt
zutrug, hatte sich der Schurke Murciflo, der schnöde
Verbrecher, der Eintagskaiser, zu dem älteren Alexis begeben.
Im Bewusstsein seiner Schuld und aus Furcht vor der Strafe
war er schon vor der Eroberung aus der Stadt geflohen, ohne
zu wissen, wohin er sich wenden sollte, oder wo und an wem
er noch eine Stütze finden könnte. Dem Alexis hatten unsere
Fürsten, obgleich er auch ein schlechter Mensch war, mit
Rücksicht auf sein königliches Blut einen kleinen Teil des

Landes zum Besitz überlassen. Als dieser nun den frevel-
belasteten Mann zu sich kommen sah, konnten ihn die Seinigen,
obwohl er selbst dem Bösewicht nicht sehr unähnlich war,
nur mit Mühe davon abhalten, ihn mit dem Tod zu bestrafen.
Doch liess er ihn blenden und über die Schwelle jagen, als
den Urheber so mancher Blutthat, der ihm geraten, den Bruder
zu blenden, den Neffen in den Kerker zu werfen und beide
des Thrones zu berauben, der dann zuletzt noch, um den Frevel
auf die Spitze zu treiben, eben diesen Neffen mit eigener Hand
erwürgt hatte! Arm und elend, allen ein Gegenstand des
Hasses, schleppte der schimpflich Hinausgestossene, der schon
lange geistig verblendet gewesen war und sich nun auch des
leiblichen Augenlichtes beraubt fühlte, ein jammervolles Dasein
hin, heimatlos im Lande umherirrend. Als das die Unsrigen
hörten, schickten sie Leute ab, ihn zu greifen und herzubringen.
Das war schnell geschehen ; und nun begannen sowohl die
Unseren als die in der Stadt zurückgebliebenen Griechen, den
Elenden mit Vorwürfen, Scheltworten und Schmähungen zu
überhäufen, ihn einen Brudermörder, einen Staatsverderber,
ein todeswürdiges Scheusal zu nennen! Darüber, dass er sterben
müsse, herrschte volle Einstimmigkeit; aber über die Art
seines Todes gab es die verschiedensten Meinungen. Die einen
sagten, man müsse ihn mit einem Strick erdrosseln, ganz wie
er selbst seinen Herrn ermordet, andere wollten ihn lebendig
ins Feuer werfen, oder ins Meer mit einem angebundenen
Stein, oder in die Erde eingraben, oder ihm die Haut abziehen,
oder seine sämtlichen Glieder abschlagen und was man sonst
noch an entsetzlicher Strafe für einen verworfenen Menschen
aussinnen kann! Wie mag es dem Elenden zu Mute gewesen
sein, als er so ausführlich über seinen Tod verhandeln hörte,
wenn auch der Schmerz über das verlorene Augenlicht die
Furcht vor dem nahen Tod linderte. Endlich beschlossen die
Fürsten, da der Bösewicht doch von vornehmer Geburt sei,
solle man ihn auf eine hohe Pyramide führen, dort an eine
lange Stange binden und kopfüber hinabwerfen, damit der
Mann, welcher aus königlicher Höhe plötzlich heruntergestürzt
sei, nun auch von oben in den Tod falle, auf zwar jämmer-
liche, jedoch nicht entehrende Weise. Das geschah denn auch,
und mit zerschmettertem Leib, in Schmerz und Elend, hauchte
er seinen unseligen Geist aus !

Flieg und zerbrich das Genick, du Verblendeter, würdig zu schmecken
Kreuzigung, Rad oder Strick! Flieg und zerbrich das Genick!
Hätte man doch dich verbrannt! Wert bist du's, gebraten zu werden;
Männiglich hat es erkannt! Hätte man doch dich verbrannt!
Oder geflochten aufs Rad! Wert bist du's, geschunden zu werden!

Büss' auf der Folter die That oder, geflochten aufs Rad!
Stürzt über Kopf ihn ins Meer! Werft hin ihn zum Frasse den
Tieren!
Sägt ihn in Stücke vorher! Stürzt über Kopf ihn ins Meer!
Haut ihm die Glieder vom Rumpf! Wert bist du's, zu sterben in
Schande,
Elend im eigenen Sumpf! Haut ihm die Glieder vom Rumpf!
Mensch mit dem Herzen von Stein, du Scheusal, das nicht gebebet,
Mörder des Königs zu sein, Mensch mit dem Herzen von Stein!
Dich und die mit dir im Bund, sollt' lebend begraben man! Abschen
Füllt mich; ich hasse von Grund dich und die mit dir im Bund!
Schänder des Heiligsten du, des Gesetzes Verächter, dem König
Schnürtest die Kehle du zu, Schänder des Heiligsten du!
Siehe, noch giebt es ein Recht! Schnell stürzte der Mörder, der
gleissend
Hoch sich zu steigen erfrecht! Siehe, noch giebt es ein Recht!
Fahr' in die Hölle hinab, eidbrüchiger Räuber! Im Abgrund
Gähnt dir ein würdiges Grab! Fahr in die Hölle hinab!

XXI.

Ueber jene Pyramide aber, von der M u r c i f l o herab-
gestürzt wurde (man nennt sie gewöhnlich schlechtweg «die
Säule»), kann manches Merkwürdige erzählt werden. Sie ist
aus ungeheuren Steinen erbaut, die durch Eisenklammern fest
miteinander verbunden sind ; unten fängt sie in grosser Breite
an und spitzt sich allmählich in unermessliche Höhe zu. In der
obersten Spitze soll ein Einsiedler seine Zelle gehabt haben,
der sich eine Wohnung auf dem Erdboden versagt hatte und
nun, ohne doch den Himmel erreicht zu haben, gleichsam
zwischen beiden mitten im belebtesten Teil der Stadt Klausner
geworden war. Uralte Zeichen und Bilder sind in die Säule
eingemeisselt, welche die Weissagungen der Sibylle und
namentlich frühere Königsgestalten [1] darstellen sollen. Auch
Schiffe waren darauf abgebildet und Sturmleitern auf Schiffen
und bewaffnete Männer, welche darauf eine gleichfalls dar-
gestellte Stadt zu erobern schienen. Die Griechen hatten bisher
wenig auf diese Sculpturen gegeben ; denn sie hielten es ja
für ganz unmöglich, dass einer Stadt, wie der ihrigen, dergleichen widerfahren könne. Als sie aber sahen, wie auf unseren
Schiffen Sturmleitern errichtet wurden, fingen sie endlich an,
jener Bilderschrift zu gedenken und ernsthaft zu fürchten,
was sie lange verachtet hatten. Infolge dessen zerschlugen

---

[1] Die Stelle ist verdorben. Ich lese : superiores regni=reges.
In der Colmarer Handschrift fehlen die Worte : «et maxime supe-
riorem regno variis dicuntur figuris» überhaupt.

sie die Bilder mit Steinen und eisernen Hämmern und halten
wirklich, in dem Wahne, die üble Vorbedeutung dadurch auf
uns zu kehren, die meisten derselben vollständig verdorben.
Diese Hoffnung ging dann freilich in Trümmer, und der
Ausgang zeigte deutlich, wie richtig das Bildwerk geweissagt
hatte. — Nach diesen Ereignissen war eine geraume Zeit verflossen. M a r t i n u s erkannte, dass unser Heer ganz in den
Sorgen um das neue Reich aufgehe und so noch nicht im
stande sei, die unternommene Pilgerfahrt fortzusetzen. Der
ursprüngliche Hauptzweck, die Sache des Kreuzes, erlitt aus
verschiedensten Gründen Aufschub. Deshalb dachte er mit allen
Kräften seines Geistes nur noch daran, zu seinen Brüdern heim-
zukehren und sich wieder der klösterlichen Regel zu unter-
werfen, die er in der Unruhe der Zeiten nicht so, wie er es
wünschte, hatte beobachten können. Obgleich er aber von
seinem augenblicklichen Aufenthaltsorte aus mit geringen
Kosten nach V e n e d i g hätte überfahren können, wollte er
doch mit dem, was ihm Gott beschert hatte, lieber zu den
Gefährten nach A k k o zurückkehren, um ihnen, die ihn ja
ausgesandt, über die Verhältnisse des neuen Reiches und über
alles, was er persönlich gesehen und gehört hatte, sichere
Nachricht zu bringen. Dann erst gedachte er allen Lebewohl
zu sagen und dem Gelübde gemäss vom heiligen Lande aus
glücklich die Heimreise anzutreten.

Sieh', wie so fest er sich zeigt, o Leser, in allem wie standhaft!
Wie er die Dinge bedenkt, jedes nach seinem Gewicht!
Sieh', er verschmäht der Gelegenheit Gunst, zu verkürzen die Reise;
Will übernommene Pflicht treulich erfüllen zuvor;
Wendet die Segel zurück, wünscht wieder zu seh'n die Gefährten,
Und, das geschenkte Vertrau'n nie zu verletzen gewillt,
Scheut er sich nicht, aufs neue zu trotzen den Mühen der Seefahrt,
Sondern erträgt sie mit ganz ruhig gefasstem Gemüt!
Eins nur fürchtet der Held, dass ein Zufall wieder ihm raube,
Was Gott selbst ihm geschenkt: seiner R e l i q u i e n Schatz.
Aber es blieb in der frommen Besorgnis doch stark auch die
               Hoffnung,
Dass nicht Trug noch Gewalt nehmen ihm können den Schatz.
Wollte verlieren ihn lassen der Herr, was er selbst doch verliehen,
Müsste man fragen mit Fug: «Warum verlieh er es dann?»
Oder verlieh er die heil'gen Trophäen dem wehrlosen Manne
Mitten im Kampfesgewühl, dass man ihm raube sie bald?
Hoffnung beseligt das Herz, und es stärkt ihn der Glaube; das
               Fahrzeug
Däucht durch die heilige Fracht ihm vor Gefahren gefeit!
Hat hier Raum die Besorgnis, es könnten die Tücken des Meeres
Dringen Verderben dem Kiel, welcher so Heiliges birgt?

XXII.

So stieg denn Martinus — an Mariä Geburt — zu Schiffe 8. Sept.
mit geteilten Empfindungen, sicher und doch besorgt (denn
ganz konnte er ja Furcht und Besorgnis nicht bannen), und
landete am 1. Oktober bei Akko, wo er von seinen Gefährten,
namentlich von den Deutschen, die ihn besonders lieb hatten,
aufs freudigste aufgenommen wurde, und über den Zustand
Griechenlands und alles, was er selbst erlebt und gehört hatte,
getreuen Bericht erstattete. Sein Geheimnis aber wollte er
niemand offenbaren, ausser einem der ehrenwertesten und
tapfersten Männer, Namens Wernher, welcher Deutscher
von Geburt und zwar Elsässer war, aus edlem Blute stammte
und, was die Hauptsache ist, durch hervorleuchtende Tugend
in der ganzen Gegend sich so hohes Ansehen erworben hatte,
das sogar die Pläne des Königs zum grossen Teil auf ihn
zurückgeführt wurden. Er war unserem Abte immer nahe gestanden; dieser hatte ihn schon in der Heimat gekannt und
geliebt und hegte für ihn mehr Zuneigung als für fast alle
übrigen. Als ihm nun Martinus die mitgebrachten göttlichen
Schätze zeigte, erschrak der Gute vor Freude und Furcht und
brach über die Gnade, die Gott seinem Knechte erzeigt hatte,
in laute Bewunderung aus. Und wie er nun weiter hörte, dass
der Abt die Heimkehr beschlossen habe, mahnte er mit grösstem
Eifer davon ab. Es sei kaum möglich, versicherte er, dass
solche Schätze durch die tausenderlei Gefahren zu Wasser und
zu Land, durch Seeräuber und Wegelagerer, durch all die all-
täglichen Unglücksfälle hindurch unberaubt nach Deutschland
gelangten. Deshalb ermahnte er den Abt, diese Schätze fromm
und demütig dem heiligen Lande zu weihen und selbst bei
ihnen zu bleiben. Der König und die übrigen Fürsten würden
ihm dann ein Bistum oder jede andere kirchliche Würde ver-
leihen, die er wünsche, und das dürfe er nicht ausschlagen.
Ziehe er dagegen ein stilleres, mehr klösterliches Leben vor,
so könne er, Wernher, bei dem König (dem er sehr nahe
stand) auch das in Aussicht stellen, ganz nach dem Wunsche
des Abtes. Es liegt nämlich in jener Gegend eine Landschaft,
die heute noch, wie schon bei den alten Schriftstellern, das
Gebirg Karmel heisst, ein überaus fruchtbarer Strich, reich an
Getreide und edelsten Reben, mit Oelbäumen und anderem
Holz prächtig bepflanzt und strotzend auch von üppigen Weiden.
Auf diesem Gebirge befinden sich drei Mönchsklöster, unab-
hängig von einander und jedes mit weitem Grundbesitz. Man
könne sie getrennt lassen, wie bisher, meinte Wernher, oder
vereinigen; aber jedenfalls müsse Martinus ihr Abt

und Oberherr werden. Und habe er lieber Brüder seines
Ordens unter sich, als fremde, so könne man ja die jetzigen
Klosterleute ganz gut anderswohin verpflanzen, der Abt aber
Männer seines Ordens in beliebiger Zahl heranziehen und das
ganze Gebirgsland für sich und seine Nachfolger in dauernden
freien Besitz nehmen. Und schliesslich, wenn er das alles aus-
schlüge, würde er von dem König und den Fürsten mindestens
Gold und Silber in einer Menge erhalten, die alles überstiege,
was er oder seine Nachfolger hoffen könnten. Dieses Geld lasse
sich dann bequemer mitnehmen und besser verbergen; auch
könne er damit auf die einfachste Art seine Kirche daheim
bereichern. Aber der Abt lehnte das alles ab und erklärte, er
habe keinen anderen Wunsch, als die Heiligtümer, die ihm
Gott verliehen, getreulich in sein Kloster zu bringen. Trotzdem
verwahrte W e r n h e r als ein treuer Mann das Geheimnis und
1205 begleitete ihn mit einigen anderen Herren in gebührender
Hochachtung zu dem Schiffe, das reisefertig im Hafen lag. Als
M a r t i n u s dasselbe bestiegen und man gegenseitig liebevollen
Abschied genommen hatte, kehrten die Begleiter um, M a r -
tinus aber trat (drei Tage vor Palmsonntag) mit vollen Segeln
die ersehnte Seereise an. Es sei mir gestattet, an dieser Stelle
meiner Erzählung einen Zwischenfall einzufügen, der, wenn
alles andere fehlte, schon allein hinreichend darlegen würde,
dass die bisher gemeldeten Thaten M a r t i n i und was wir noch
weiter von ihm zu berichten haben, durchaus das Siegel göttlicher Fügung trugen. In der dritten Nacht nämlich vor dem
Antritt der Heimreise erblickte ein ihm befreundeter Geistlicher
namens E g i d i u s , ein geborener Böhme, dessen Sprache der
Abt nicht verstand, mit dem er also nur lateinisch verkehren
konnte und der mit ihm auf dem nämlichen Schiff zurückkehren wollte, nicht im Schlaf, sondern, wie er ausdrücklich
versicherte, in wachendem Zustand ganz deutlich zwei Engels-
gestalten an dem Platz, wo die heiligen R e l i q u i e n aufbewahrt
wurden. Dort hatten beide, der Abt und der Böhme, ihre gewöhnliche Lagerstätte, jener, um die Heiligtümer treu zu
bewahren, dieser aber, ohne das mindeste von ihrem Dasein
zu wissen. Die Engel schienen um den Schrein, in welchem
die heiligen Gottesgaben verschlossen lagen, in verklärter Andacht zu schweben und inbrünstig Gott zu lobpreisen, dass er
sie seinem Knechte verliehen habe. Und nachdem sie ihre Andacht vollendet, flehten sie um die Wette eindringlich zu Gott,
er möge den Mann, dem er solche Schätze geschenkt, und alle
seine Getreuen in gnädigen Schutz nehmen. Am Morgen
erzählte Egidius dem Abt dieses Gesicht als sichere Thatsache
und brach mitten in seinen Worten aus tiefster Gemütserschüt-

terung in Thränen aus. «Ich weiss nicht,» sagte er, «wer du
bist oder woher du kommst oder was du hütest in deinem
Schrein hier; aber das weiss ich gewiss, dass Gott mit dir
ist! Deshalb will ich auf dieser Ueberfahrt nicht von deiner
heiligen Seite weichen in der gewissen Zuversicht, dass mir
auf dem Schiffe, das dich trägt, kein Unfall zustossen kann!»
Der Abt, durch das Wunder dieses heiligen Gesichtes lebhaft
bewegt, zumal er den Mann als zuverlässig, fromm und wahrhaftig kannte, erzählte nun auch seinerseits von einem Gesicht,
das er in der nämlichen Nacht im Schlafe gehabt hatte. Es
däuchte ihm nämlich, von A k k o an bis nach S i g o l s h e i m,
der nächsten Stadt bei seinem Kloster, sei nichts als Meer, aber
ein so sanftes und sicheres, dass auch das winzigste Fahrzeug
keinen Schiffbruch zu befürchten hätte. Zudem schwebte von
A k k o bis zu der genannten Stadt eine Art Schutzdach vom
Himmel, so dass nicht Wind noch Regen noch eine andere
Unbill des Meeres oder des Wetters ihm in seinem Schifflein
zu schaden vermochte. Dieses Gesicht des Abtes können wir
nur dahin deuten, dass er von A k k o bis zu seinem Kloster,
wenngleich unter vielen Gefahren zu Wasser und zu Land,
durch göttlichen Schutz eine sichere Heimreise haben sollte,
und dass die Einwohner Sigolsheims, Männer und Weiber, als
die ersten von allen beim Kloster P a i r i s den heiligen Reliquien entgegenziehen würden, wie es sich auch in der That
nachher, die Wahrheit dieser Auslegung beweisend, zugetragen hat.

Nun gilt's fromm zu geloben und völlig die Kraft zu erproben!
Falt' zum Gebete die Hände, M a r t i n u s, und bis an das Ende
Müh' dich mit treuem Verlangen, vom Himmel die Huld zu empfangen,
Dass mit dem besten Geschenke von oben dich jetzt er bedenke,
Fülle der Lust dir bereite: dich sicher n a c h H a u s e geleite!
So viel Länder und Meere durchirrst du, dem Herren zur Ehre;
Feindlich gesinnte Gewalten in Menge, die wider dich halten,
Musst du bestehen und tausend Gefahren, im Meer dich umbrausend
Oder dich drängend zu Lande — wer ist sie zu zählen im stande?
Da giebt's Winde, die blasen daher mit entsetzlichem Rasen;
Da giebt's mächtige Wogen, die haushoch kommen gezogen,
Wenn der Orkan sie, der wilde, bewegt in ein schwankend Gebilde!
Da droh'n heimliche Riffe und offene Klippen dem Schiffe,
Oder des Kampfes Gefahren auf einmal mit grausen Korsaren!
Erst, auf dem Meere, Piraten, entschlossen zu schändlichen Thaten,
Dann, auf dem Lande, Banditen und Völker mit räubrischen Sitten!
Aber was kühn du begonnen, du hast dir ein Pfand auch gewonnen,
Dass du's beendest in Frieden : den Schatz, den Gott dir beschieden.
Ihn sollst sicher du bringen zur Heimat, und nach dem Gelingen
Dankbar den Herrn lobpreisen ; das kann ich prophetisch verheissen!

XXIII.

Es ist nicht leicht, alle Unfälle und Gefahren zu erwähnen, vor denen der Abt und seine Schiffsgenossen, ach, nur zu häufig erzittern mussten, e r freilich um so heftiger, je mehr er den Schatz liebte, den er zu verlieren bangte. Aber in aller Angst und Not gewährte ihm der Herr die Gnade seines Schutzes in höherem Masse, als er es zu hoffen gewagt. Oft begegneten ihm Seeräuber; sie kamen vielleicht eben von der Plünderung anderer Schiffe; aber auch, wenn sie noch auslugten nach Raub, wurden sie plötzlich mild beim Anblick seines Fahrzeuges, grüssten es friedlich mit aller Ehrfurcht und liessen es unangefochten vorübersegeln oder richtiger : m u s s t e n es vorüberlassen. Denn es war ja Gottes Kraft, die sie bändigte und das Schifflein sicheren Laufes zum Hafen führte. So gelangte das Boot des M a r t i n u s oder vielmehr Gottes und der heiligen R e l i q u i e n, nach vielen Mühen und einer Reihe von Gefahren in der Nacht vor Pfingsten auf die Rhede von V e n e d i g. Der Abt legte dort an und erkundigte sich im Stillen nach den Zuständen im Lande. Da erfuhr er denn, dass ihm hier ebenso viel Angst und Gefahr bevorstehe, als er schon auf dem Meere durchgemacht : ganz Italien, auch der Teil, durch den er ziehen musste, lodere in Kampfesglut und schalle von Kriegsgetümmel. Aber er wusste ja, dass auf dem Meer und auf dem Lande der nämliche Gott waltet, dass der Herr, der ihn auf dem Meere beschützt hatte, auch auf dem Lande ihn beschützen konnte, und so trat er denn voll Vertrauen, wenn auch nicht ganz ohne Furcht und Besorgnis, mit allem Gepäck auf Pferden die Reise nach den Alpen an. Häufig begegneten ihm bewaffnete Banden, die augenscheinlich nur zu Raub und Plünderung ausgezogen waren, aber immer schreckten sie, von plötzlicher Furcht erschüttert, von der unschätzbaren Beute zurück, als fühlten sie mit Zagen ihre Unwürdigkeit, und gewährten dem Saumross, das den Schrein mit den heiligen Reliquien trug, ungefährdeten Durchzug. So wanderte unser M a r t i n u s mitten durch Italien, überschritt die rauhen Pässe der Alpen und fand auch diesseits noch manche gefährliche Gegend voll Raubgesindel, bis er endlich freudigen Herzens in B a s e l einzog, wo er einst seine Pilgerreise angetreten hatte. Sein erster Gang dortselbst war in die Kirche der heiligen Jungfrau; in ihren Schutz hatte er sich empfohlen, als er ausfuhr, und nun brachte er ihr seinen Dank dar, so warm er's vermochte, dass sie ihn bei ihrem lieben Sohn durch die R e l i q u i e n eben ihres Sohnes so hoch begnadet, ihn aus grossen Gefahre

28. Mai

errettet und froh und heil zurückgeführt habe. Deshalb schmückte
er dann auch ihren gefeiertsten Altar in der Kirche mit einem
herrlichen Tuche. Ebenso gab er Herrn L u t h o l d , dem
Bischof von Basel, und einigen anderen Personen und Kirchen
der Stadt reichliche Weihegeschenke. Aber er hielt sich nur
wenige Tage auf, bis seine Brüder, die schon seine Rückkehr
vernommen hatten, ihm ehrfürchtig, wie sich gebührte, ent-
gegenkamen. Mit ihnen und einigen anderen Männern aus der
Stadt, die ihm dankbar nachfolgten, begab er sich dann in
stattlichem Aufzug, aber auch voll demütiger Andacht, nach
dem Kloster P a i r i s . Dort erwartete ihn der ganze Konvent
am Thore der Kirche. Alle traten vor ihm und den heiligen
R e l i q u i e n , die er trug, demütig zur Seite (es war am 24. Juni
Tag der Geburt St. Johannis des Täufers um 3 Uhr Nachmittag); alle Herzen frohlockten, alle Zungen priesen Gott,
als er nun in die Kirche hineinschritt mit der heiligen Sieges-
beute und sie in tiefster Ehrfurcht auf dem Hochaltar
aufstellte.

Freu' dich, M a r t i n u s , nun hast du bestanden die Mühsal, nun
fasst du
Glücklich das Ziel mit den Händen, geschätzt in den eigenen Wänden!
Hier kannst fröhlich du hausen, vorüber die Furcht und das Grausen,
Ledig der nagenden Sorgen dich ausruh'n, sicher geborgen!
Jetzt wird endlich es allen bewiesen, dass Gott es gefallen,
Durch d i c h grade, den Schlichten, ein wunderbar Werk zu ver-
richten!
Viel mühselige Tage durchlebtest du, Sorgen und Plage,
Welche den Sinn dir betrübten, obgleich in Geduld sie dich übten!
Bangtest vor Stürmen und Wellen, vor Kampf mit entmenschten
Gesellen,
Die dir mit Seeraub drohten, vor mancher mordlustig verrohten,
Beutegierigen Bande, den Weg dir vertretend zu Lande!
Siehe, nun darfst, ein Befreiter, den köstlichen Schatz an geweihter
Stätte zur Schau du stellen den Brüdern der heimischen Zellen!
Siehe die Schar, einhellig, ein Schauspiel, Christo gefällig!
Höre, du Reiner, sie loben in Psalmen den Helfer von oben!
Siehe, nun darfst du vertrauen den Augen und wieder sie schauen,
Die du zu schauen verzagtest, als fern in der Fremde du klagtest!
Auch sie, deine Getreuen, wie können genug sie sich freuen,
Dass sie dich sicher nun wissen, den längst sie sich glaubten entrissen,
Dass sich erfüllt ihr Flehen, auf Erden dich wieder zu sehen!
Lebe nun stille, du Guter, wie früher, als würdigster Bruder,
Sei der Begleiter der Deinen, ein Muster des Guten und Reinen,
Halte die Brüder in Frieden, ihr Stern und Erleuchter hienieden!
Ströme dich aus in Gebeten, beglückt, vor die Schätze zu treten,
Die du gebracht, und verehre das K r e u z h o l z C h r i s t i , das hehre,
Welches dich heim ja geleitet und Ruhm nun dem Kloster bereitet!

XXIV.

Ja, gelobt sei Gott, der allein Wunder thut, der in unaussprechlicher Güte und Barmherzigkeit die Kirche von P a i r i s angesehen und verherrlicht hat durch jene Geschenke seiner Gnade, welche der ehrwürdige Abt M a r t i n u s zu uns herüberbringen durfte! Die Kirche jubelt über solchen Besitz, und jede gläubige Seele findet dadurch bei Gott Hilfe und Förderung! Damit aber der Leser in seinem Glauben befestigt werde, meine ich hier ein V e r z e i c h n i s d e r R e l iq u i e n geben zu müssen.

Das erste und wichtigste, der allgemeinen Verehrung würdigste Stück ist :

Ein T r o p f e n v o m B l u t u n s e r e s H e r r n J e s u Ch r i s t i, das vergossen worden zur Erlösung des ganzen menschlichen Geschlechtes ; sodann :

Das K r e u z h o l z d e s H e r r n, auf welchem der Sohn des Vaters für uns geopfert, als zweiter A dam die Schuld des ersten gesühnt hat ; drittens :

Ein nicht unbeträchtliches Stück von St. J o h a n n e s, dem V o r l ä u f e r des Herrn.

Viertens : ein Arm des heiligen Apostels J a k o b u s, dessen Gedächtnis in der ganzen Kirche hoch in Ehren gehalten wird.

Dann folgen Reliquien anderer Heiligen, nämlich :

Des Märtyrers C h r i s t o p h o r u s ,

Des Märtyrers G e o r g i u s ,

Des Märtyrers T h e o d o r u s ,

Ein Fuss des Märtyrers S t. K o s m a s ,

Ein Teil vom Haupt des Märtyrers C y p r i a n ,

Ein Zahn des heiligen L a u r e n t i u s, sowie

Des Märtyrers D e m e t r i u s ,

Des ersten Märtyrers S t e p h a n u s ,

Des V i n c e n t i u s, des A d j u t u s, des M a u r i t i u s und seiner Gefährten,

Der Märtyrer C r i s a n t i u s und D a r i u s ,

Der Märtyrer G e r v a s i u s und P r o t a s i u s ,

Des Märtyrers P r i m u s ,

Der Märtyrer S e r g i u s und B a c c h u s ,

Des Märtyrers P r o t u s ,

Der Märtyrer J o h a n n e s und P a u l u s. — Ferner :

Vom Ort der G e b u r t d e s H e r r n,

Vom C a l v a r i e n b e r g,

Von dem abgewälzten G r a b s t e i n,

Vom Orte der H i m m e l f a h r t,

Vom Stein, auf dem Johannes stand, als er den
Herrn taufte,
Vom Ort, wo Christus den Lazarus auferweckt hat,
Von dem Stein, über welchem Christus im Tempel
dargestellt worden ist,
Von dem Stein, auf welchem Jakob geschlafen,
Von dem Stein, bei welchem Christus gefastet,
Von dem Stein, wo Er gebetet,
Von dem Tisch, an dem Er gespeist hat,
Von dem Ort, wo sie Ihn gefangen genommen,
Von dem Ort, wo die Mutter des Herrn heim-
gegangen ist,
Von ihrem Grabe,
Vom Grabe des heiligen Apostels Petrus,
Von den heiligen Aposteln Andreas und Philippus,
Von dem Ort, wo der Herr dem Moses das Gesetz
gegeben hat,
Von den heiligen Erzvätern Abraham, Isaak und Jakob,
Von dem heiligen Bischof Nikolaus,
Von dem Bischof Adelalius,
Von dem Bischof Agritius,
Von Johannes Chrisostomus,
Von Johannes, dem Almosengeber,
Von der Milch der Mutter Gottes, sowie
Der Jungfrau Margaretha,
Der Jungfrau Perpetua,
Der Jungfrau Agatha,
Der Jungfrau Agnes,
Der Jungfrau Lucia,
Der Jungfrau Cäcilia und
Der Jungfrauen Adelgunda und Euphemia.
Dieses hat sich zugetragen im Jahre 1205 der Mensch-
werdung Gottes unter der Regierung Kaiser Philipps, da
Innocenz als oberster Priester der heiligen römischen Kirche
vorstand, unter den Bischöfen Luthold von Basel und
Heinrich von Strassburg. Kein Gläubiger darf also im
mindesten zweifeln, dass Gottes Gnade es fügte, wenn so viele
und grosse und gefeierte Reliquien trotz zahlloser Hindernisse
durch einen Mann, der in sich selbst allzeit die Demut
bewahrte, an unsere Kirche gelangen konnten. Fühlte sich
doch, wie ich glaube, ganz Deutschland bei ihrer Ankunft
innerlich froher! Gewann es doch durch sie an Ruhm auch
nach aussen, ja an Glück selbst in Gottes Augen! Niemand
urteile deshalb, dies alles sei, wie manches Andere, nur
zufällig gekommen; denn das hiesse geradezu die herrlichen

h a ten Gottes verleumderisch ihres Glanzes berauben! Wenn
wir nämlich die unglaublich schnelle Eroberung jener grossen
Hauptstadt, aus welcher unsere Reliquien stammen, wenn
wir die Kette der vorhergegangenen Ursachen, die gefahrvolle
Heimreise des Abtes Martinus zu Wasser und zu Land und
wie er allenthalben durch Gottes Schutz unversehrt blieb, aufmerksam betrachten, so wird es aufs klarste ans Licht treten,
dass dies alles wahrhaftig kein Spiel des Zufalles, sondern
göttliches Gnadengeschenk war. Wer immer deshalb unsere
Kleinode sieht oder diese Geschichte hört, muss darin überall
die Hand Gottes erblicken und anbeten und von ihm den
Lohn erwarten seines Glaubens und seiner Andacht.

Alles, was hier ich berichte, was selbst wir geseh'n, die Geschichte,
Die nach den sichersten Quellen als wahr vor den Leser wir stellen,
Spielte sich nicht im Geleise des Alltags ab, in dem Kreise,
Drinnen der Zufall waltet und eitle Gebilde gestaltet!
Nicht zufällige Wahrheit erzähl' ich; in himmlischer Klarheit
Seh' ich den Vater der Zeiten den Gang der Ereignisse leiten!
Eine vom Neide zernagte, verstandlose Seele nur wagte
Dreist zu behaupten die Lüge, dass Zufall solcherlei füge!
Zufall will man es nennen! Anstatt, was wahr, zu bekennen,
Tauscht man ein Wort, zu vereinen das Göttliche mit dem Gemeinen!
Ja, wer mit solchen Gedanken sich trägt, ist übel im Wanken
Und im Gemüte geschieden von mir! Wo gäb' es hienieden
Klar ein Gesetz, zu begründen so Grosses, wie wir euch verkünden?
Grosses fürwahr! Beim Erzählen ergreift schon Staunen die Seelen:
Zahllose feindliche Scharen, die trefflich gerüstet auch waren,
Mussten vor wenigen Frommen, die weit aus der Ferne gekommen,
Hinter den Mauern sich lassen belagern — wer möchte das fassen?
Hier eine Handvoll Helden (ja, wahr ist, was wir euch melden!)
Dort dicht wimmelnde Haufen von Bürgern! Es mocht' sich belaufen
Reichlich die Zahl an die hundertmal höher; und dennoch (wer
                                               wundert
Nicht sich der Märe?) gewannen die Stadt so wenige Mannen,
Jagten das Volk aus den Thoren und herrschen, vom Himmel er-
                                               koren,
Fröhlich der herrlichen Beute, daselbst als Sieger noch heute!
Und hier hat sich's begeben, bei dieser Eroberung eben,
Dass ein Mann im Gewande der Mönche, mit scharfem Verstande,
Unser Martinus, besonnen, nicht Gold und Silber gewonnen,
Sondern zu bleibender Ehre den Erbschatz frommer Altäre!
Und die errungene Beute, den Raub, der den Himmel erfreute,
Wollte herüber er bringen zu uns, und es musst' ihm gelingen
Trotz viel tausend Gefahren, da Gott ihn wollte bewahren!
Viel zwar hat er ertragen, der Leib war müde der Plagen,
Aber der Geist blieb munter, ihm sanken die Kräfte nicht unter,
Und so gelang es! Der Gute um Christi willen nicht ruhte,
Bis er an heiligem Platze die Stätte bereitet dem Schatze!

XXV.

Von diesen Geschenken der himmlischen Gnade aber,
welche der Herr so reichlich seinem getreuen Diener, dem
Abte Martinus, und durch ihn der Kirche von Pairis
verliehen hatte, gab diese Kirche zur Ehre Gottes und des
ganzen römischen Reiches ein ansehnliches Stück an den
erhabenen Kaiser, Herrn Philipp, ein Bild nämlich von
schier unschätzbarem Werte, das mit Gold und Edelsteinen
aufs kunstvollste geschmückt war und sehr viele, bisher sorgfältig verborgene heilige Reliquien enthielt, die noch weit kost-
barer waren als das Gold und die Edelsteine. Dieses Bild
hatte der griechische Kaiser bei festlichen Gelegenheiten, gleichsam als sicheres Pfand seiner Herrschaft, an goldener Kette
am Halse getragen. Unter allen den Edelsteinen und dem Gold
funkelte besonders ein Jaspis von erstaunlicher Grösse, in
welchem der Herr am Kreuz und daneben die allerseligste
Jungfrau und der Evangelist Johannes geschnitten waren. Desgleichen ein Saphir von ebenfalls ausserordentlicher Schwere
mit dem Bilde Gottvaters, so kunstvoll geschnitten, als es bei
einem Gegenstand möglich ist, der eigentlich überhaupt bildlich
nicht dargestellt werden kann. Der glorreiche König Philipp,
zwar noch ein junger Mann, aber reif in der Furcht Gottes
und sittlichem Wandel, nahm dieses Geschenk mit grösstem
Wohlwollen an und bewies seinen Dank dadurch, dass er die
Kirche Pairis mit all ihrem Zubehör unter seinen Schutz
stellte, und ihr alle übrigen Reliquien, die Martinus gebracht
hatte, durch kaiserliche Urkunde als ewiges Eigentum bestätigte.
    ¹ Diese Geschichte aber hat der Magister Günther
geschrieben, der damals Mönch, früher jedoch Schulmann war
und eine umfassende Bildung genossen hat. Er hing mit ganzer
Seele an seinem Gegenstand und führte die Feder in dem
zuversichtlichen Glauben, dass er von Gott, der so Grosses
durch seine Getreuen hat vollbringen lassen, als der Erzähler
göttlicher Thaten das ewige Leben empfangen werde.

Ja, so ist es geschehen: Von Hellas mit Siegestrophäen
Kam ein Mann uns gezogen, dem sämtliche Gute gewogen!
Aber vom herrlichen Preise der Glück ihm bringenden Reise,
Nimmer ermüdend in Treue, sie kräftig bewährend aufs neue,
Wollt', sein Lob zu vermehren, das köstlichste Stück er verehren,
Ein schier kronreifgleiches, Philippus, dem König des Reiches!

---

¹ Diese Schlussworte (bis «empfangen werde») rühren jedenfalls von einem der Abschreiber her.

O der erlesenen Gabe! das Prunkstück fürstlicher Habe,
Griechischer Könige Bestes, der Hauptschmuck höfischen Festes,
Wie zu Byzanz kein zweiter! Ein Jaspis daran, ein geweihter,
Herrlichster Art, der um Haufen von Gold nicht wäre zu kaufen,
Oder getauscht möcht' werden für zahllose Güter der Erden,
Sondern so lieb muss gelten, als edel er ist und als selten!
Und dem solches gelungen, M a r t i n u s , er hat auch errungen,
Seit sein Schifflein berührte den Hafen, was wohl ihm gebührte:
Dass er mit vollestem Rechte dem Volke von deutschem Geschlechte,
Fürsten und Priestern und Laien, ob fern oder nahe sie seien,
Ganz wie den Brüdern im Orden, ein teuerer Liebling geworden!
Werde vor C h r i s t i Throne dereinst ihm Gleiches zum Lohne
Mit dem erwählten Samen! Wer's liest, der spreche sein Amen!

*   *   *

Möchte auch dieser Geschichte Verfasser besteh'n im Gerichte,
Möchte von G ü n t h e r desgleichen, was hier er gesündiget, weichen,
Dass er zum Herrn eingehe! Wer's liest, der sprech': Es geschehe! —

II.

Das Elsass

bei dem Ausbruch der französischen Revolution.

Eine geschichtliche Studie

von

Julius Rathgeber.

Hundert Jahre sind seit dem Ausbruch der französischen Revolution verflossen. Aus diesem Anlass dürfte eine übersichtliche Darstellung der politischen, bürgerlichen, religiösen und gesellschaftlichen Zustände des Elsass im Jahre 1789 von Interesse sein und von manchem Leser willkommen geheissen werden. Ein anderer Umstand noch ist für den Verfasser dieser Skizze massgebend gewesen, nämlich die selbst in gebildeten Kreisen herrschende Unkenntnis der elsässischen Verhältnisse vor der französischen Revolution. Eine sachliche, unparteiische Schilderung derselben dürfte daher wohl zeitgemäss sein. Die Hauptquellen, aus welchen der Verfasser bei dieser Arbeit geschöpft hat, sind die von dem Strassburger Altertumsforscher, dem gelehrten Professor Jeremias Jakob Oberlin herausgegebenen wertvollen, aber selten gewordenen Almanachs d'Alsace, die von 1780 an bis 1792 erschienen sind, ferner der « Bürgerfreund » (2 Bände) und der « Patriotische Elsässer », von dem bescheidenen, aber verdienstvollen Diakonus

Sigismund Billing aus Colmar herausgegeben (2 Bände),
sodann die gründliche und äusserst massvoll gehaltene Denkschrift des Strassburger Abgeordneten bei der französischen
Nationalversammlung, des Barons Johann von Türckheim.
Er schrieb sie infolge der Abschaffung des Lehenswesens und
aller adeligen Vorrechte in Frankreich durch den Beschluss der
Nationalversammlung in jener denkwürdigen Nachtsitzung vom
4. August 1789. Die Türckheimsche Schrift, welche zuerst französisch, dann in deutscher Uebersetzung erschien, ist betitelt:
«Abhandlung das Staatswesen der Stadt Strassburg und des
Elsasses überhaupt betreffend». Strassburg, gedruckt bei Philipp
Jakob Dannbach. 1789. Ferner das Werk von Krug-Basse: L'Al-
sace avant 1789. [1]

Die vorliegende Arbeit zerfällt in folgende Abschnitte: Territorialverhältnisse, Verwaltung, Justiz, Kultus, Unterrichtswesen,
Armen- und Krankenpflege, Ackerbau und Gewerbe, Militärverwaltung, Steuer- und Finanzwesen, Verkehrsleben und Geselligkeit.

Territorialverhältnisse.

Durch den Westfälischen Frieden hatte der deutsche Kaiser
alle dem Hause Habsburg im Elsass zukommenden Rechte, sowie die Oberhoheit über die elsässischen Reichsstädte dem König
von Frankreich überlassen. Nach deutscher Auffassung war
letzterer als Souverän des Ober-Elsass, des Sundgaus und
der Grafschaft Pfirt, welche das frühere Territorium des elsässischen Vorder-Oesterreichs bildeten, anerkannt, war aber nicht
Souverän, sondern bloss Protektor der zehn reichsunmittelbaren elsässischen Städte. Allein Ludwig XIV. beanspruchte bald
die vollen Souveränetätsrechte über letztere und brach im August
1673 mit gewaltthätigen Mitteln und in willkürlicher Weise
deren Widerstand; besonders die Städte Colmar und Schlettstadt fühlten seine harte Hand und erfuhren eine *mira meta-
morphosis*. Colmar wurde aus einer festen Stadt ein «offenes
Dorf», wie die zeitgenössischen Chronisten schreiben. Schlettstadt wurde wie eine feindliche Stadt behandelt. Von dieser
Zeit an wurde die französische Regierung, wenn auch unter
ohnmächtigen Protesten der elsässischen Reichsstädte und wir-
kungslosen Appellationen an den Reichstag von Regensburg, im
Elsass allgemein anerkannt, und deren Befehle erlangten, be-

---

[1] Dieser Aufsatz war bereits vor dem Erscheinen der gründlichen und gehaltvollen Schrift von Hermann Ludwig. «Strassburg vor hundert Jahren» geschrieben, auf welche wir die Leser des
Jahrbuchs besonders aufmerksam machen möchten.

sonders nach der Kapitulation von Strassburg (30. September 1681), Gesetzeskraft im ganzen Lande. An der Spitze der Civilverwaltung stand ein Intendant d'Alsace. Diese Würde bekleidete im Jahre 1789 der Baron von Chaumont de la Galaizière, kurzweg mit letzterem Namen benannt. Das Gouvernementshotel befand sich im früheren Endingenschen, späteren markgräflichen Hofe «zum Drachen» in der Drachengasse. An der Seite des Intendanten stand ein Generalgouverneur, der in der Blauwolkengasse, im heutigen Justizgebäude, seinen Sitz hatte. Im Jahre 1789 bekleidete der Herzog von Aiguillon dieses Amt.

Ausser den Landesteilen, in welchen der König von Frankreich die unumschränkte Gewalt ausübte, gab es im Elsass noch eine Anzahl von Territorien, deren Herren eine gewisse Selbständigkeit besassen und nur die französische Oberhoheit anerkannten. Es waren dies: die Grafschaft Hanau-Lichtenberg, das sog. «Hanauer Land», welches seit 1736 den Landgrafen von Hessen-Darmstadt gehörte, deren Hotel, der Darmstädter (früher Hanauer) Hof zu Strassburg in der Brandgasse sich erhob. Es ist das heutige Stadthaus. Ferner die Zweibrückischen Besitzungen, die Stadt und Herrschaft Bischweiler (das birkenfeldische Erbe) und die Grafschaft Rappoltstein (das rappoltsteinische Erbe). Die Herzoge von Zweibrücken residierten seit 1770 in dem von ihnen erbauten Zweibrücker Hof (dem heutigen Generalkommandogebäude) in der Brandgasse. Die Herzoge von Württemberg besassen im Ober-Elsass die Grafschaft Horburg und die Herrschaft Reichenweyer. Die Markgrafen von Baden-Durlach und die Grafen von Nassau-Weilburg, Saarbrücken und Saarwerden besassen ebenfalls Gebiete im Elsass und im Saarthale. Die pfälzischen Kurfürsten hatten die Grafschaft Lützelstein im sog. Westreich, dem gebirgigen Grenzstrich zwischen Elsass und Deutsch-Lothringen, inne.

Die Fürstbischöfe von Basel, Strassburg und Speyer übten gleichfalls Territorialrechte aus; das Bistum Strassburg besass im Ober-Elsass das obere Mundat (die Gegend von Rufach), im Unter-Elsass acht Aemter und über dem Rheine zwei, Renchen und Ettenheim. Der Fürstbischof von Strassburg, Ludwig Renatus Eduard Kardinal von Rohan, hatte zwei prachtvolle Residenzen im Elsass, das bischöfliche Schloss zu Strassburg und den herrlichen Palast zu Zabern; beide Prachtgebäude hatten die Rohan erbaut. Das Zaberner Schloss mit seinen Gärten, Bassins, Park- und Waldanlagen war ein kleines Versailles.

Im Ober-Elsass war nur ein kleiner selbständiger Freistaat, nämlich die Republik Mülhausen (Stadt und zwei Dörfer,

Illzach und Modenheim), welche eine schweizerische Enclave, aber ohne Zusammenhang mit der Eidgenossenschaft bildete und der Annexion an Frankreich naturgemäss anheimfallen musste.

Ausser diesen Herrschaften gab es noch, namentlich im untern Elsass, eine grosse Anzahl von ritterschaftlichen Gebieten, deren ansehnlichste die Grafschaft L e i n i n g e n-W e s t e r b u r g und die Herrschaft F l e c k e n s t e i n waren. Die Herren derselben übten die obere und untere Gerichtsbarkeit in ihren Besitzungen aus, ernannten die Richter und Amtleute und zogen die Strafgelder ein; auch besassen sie meistens das Patronatsrecht in den Kirchen. Sie hatten noch andere Privilegien, wie die Freiheit des Salzkaufes, das Fronrecht, das Ohm- und Weingeld, den Zehnten, die den Juden auferlegten Abgaben u. dgl. m. Die unterelsässische Ritterschaft war durch ein sog. Direktorium, das aus zehn Mitgliedern, nämlich sieben Direktoren und drei Assessoren zusammengesetzt war, vertreten. Dieses Direktorium hielt seine Sitzungen im sog. « Ritterhause» auf dem Stephansplatze (dem heutigen Hause Petiti). Das Direktorium der unterelsässischen Ritterschaft bildete eine Art Zwischengericht, dessen Mitglieder durch periodische Wahlen erneuert wurden und von dessen Urteilssprüchen man an das Conseil Souverain von Colmar appellieren konnte. Der oberelsässische Adel war viel weniger zahlreich als derjenige des Unter-Elsass; er war teils ausgestorben, teils ausgewandert, und die wenigen übrig gebliebenen standen ganz unter des Königs von Frankreich Botmässigkeit.

Das waren die Territorialverhältnisse im Elsass, dessen Bevölkerung im Jahre 1789 auf 650,000 Seelen sich belief. Infolge derselben besassen eine Reihe von deutschen Fürsten noch fürstliche Landesrechte und Privilegien, wenn auch unter französischer Oberhoheit.

Landesverwaltung.

In Bezug auf die innere Verwaltung hatte die französische Regierung den Magistraten der Städte ihre frühere Selbständigkeit unter gewissen Beschränkungen gelassen. Die Strassburger Verfassung, die von 1482 bis zur Revolution beinahe unverändert fortbestand, ist zur Genüge bekannt. Die Stadtverwaltung bestand aus einem bürgerlichen, jedes Jahr am Schwörtag ernannten A m m e i s t e r und vier adeligen S t ä t t m e i s t e r n, wovon die Hälfte alle zwei Jahre austrat. Jeder Stättmeister versah der Reihe nach ein Vierteljahr lang das Amt eines Kanzlers und hatte das Stadtsiegel in Händen. Der Magistrat selbst bestand aus

cinem G r o s s e n und aus einem K l e i n e n R a t. Der erstere
wurde von den 300 Schöffen ernannt und zählte dreissig Mitglieder, zwanzig bürgerliche und zehn adelige, welche « Constoffler »
genannt wurden. Der regierende Ammeister führte den Vorsitz
im Grossen Rat. Neben demselben fungierten drei Kammern,
die D r e i z e h n e r (XIII), welchen die Führung der auswärtigen
Geschäfte anvertraut war, die F ü n f z e h n e r (XV), welche die
inneren Angelegenheiten leiteten, und die E i n u n d z w a n z i g e r
(XXI) oder die « alten Herren », welche aus überschüssigen Ratsherren bestand, die bald dem einen, bald dem anderen Kollegium
beigesellt wurden. Dieselben bildeten das sog. b e s t ä n d i g e
R e g i m e n t. Der Kleine Rat bestand aus sechs Adeligen und
zwölf bürgerlichen Mitgliedern und hatte die kleineren Rechts-
händel und die Polizeisachen unter sich. Die Bürgerschaft war in
zwanzig Zünfte eingeteilt, deren jede vierzehn Schöffen nebst einem
aus dem beständigen Regiment ernannten O b e r h e r r e n zum
Vorsteher hatte. Der Schöffenrat, auch Schöffenversammlung geheissen (300 Mitglieder an der Zahl), hatte das Recht, die Beschlüsse des Magistrats zu prüfen und dieselben zu genehmigen
oder zu verwerfen. Ferner gab es in Strassburg noch Polizei-,
Ehe-, Schirm- und Vogteigerichte. An letzterem war beispiels-
weise der bekannte Aktuar S a l z m a n n, Goethes Tischgenosse
und älterer Freund angestellt.

Alle diese Einrichtungen stammten noch aus der alten
reichsstädtischen Zeit und bestanden bis zum Jahre 1789 fort.
In Colmar stand an der Spitze des Rats ein O b r i s t m e i s t e r,
der alle Jahre am 10. August (am Laurentiustage) für ein Jahr
gewählt wurde. In den übrigen ehemaligen Reichsstädten waren
Bürgermeister, die unter ähnlichen Bedingungen jährlich gewählt wurden, an der Spitze des Rats. Um ihre Regalien zu
wahren, hatte die französische Regierung in jeder elsässischen
Stadt, die einen selbständigen Rat besass, seit 1685 einen
königlichen Kommissar ernannt, welcher den Namen P r ä t o r
trug. Derselbe hatte Sitz und Stimme im Rat und konnte sein
Veto einlegen, wenn er glaubte, dass die französischen Interessen gefährdet wären.

Im Jahre 1789 war zu Strassburg Ammeister Herr J o h a n n
L e m p, ein bekannter Rechtsgelehrter, der in der Schildsgasse
(im nachmaligen Zimmerschen, jetzt Körtgeschen Hause) wohnte.
Die vier Stättmeister waren die Barone: F r a n z J o s e p h
H a f f n e r v o n W a s s e l n h e i m, Obrist des Regiments von
Anhalt und Ritter des St. Ludwigsordens, F r a n z M a t e r n u s
L u d w i g Z o r n v o n B u l a c h, Mitglied des Direktoriums der
unterelsässischen Ritterschaft und Malteserritter, F r i e d r i c h
L u d w i g R e n a t u s W u r m s e r v o n V e n d e n h e i m, Mestre

de Camp, Grosskreuz des französischen Ordens des Militär-
verdienstes (für Protestanten, die nicht Ludwigsritter wegen
ihrer Religion werden konnten) und des badischen Hausordens
der Treue, und P h i l i p p J a k o b R e n a t u s v o n B e r s t e t t,
Offizier im Regiment Nassau-Saarbrücken, der Vater des badischen Staatsministers. Der letzte königliche Prätor von Strassburg war A l e x a n d e r K o n r a d v o n G é r a r d. Da derselbe
leidend war, delegierte Ludwig XVI. im Monat Juli 1789 als
königlichen Kommissar den Baron F r i e d r i c h v o n D i e t-
r i c h nach Strassburg, um daselbst die Gemüter der Bürgerschaft zu beschwichtigen.

Justiz.

Der höchste Gerichtshof im Elsass war der 1698 von der
sog. «Strohstadt» Neu-Breisach nach Colmar verlegte Conseil
Souverain d'Alsace, welcher die Stelle eines königlichen Par-
laments im Lande einnahm und zugleich den obersten Appellhof
der Provinz bildete. Die meisten Conseillers waren Vollblutfranzosen. Unter den Advokaten, die an demselben thätig waren,
ist der bekannteste das nachmalige Konvents- und Direktoriums-
mitglied J o h a n n B a p t i s t R e u b e l, der bis zum Ausbruch
der Revolution die Interessen der im Elsass possessionierten deutschen Fürsten vertrat und ihre Rechte verteidigte. Der Colmarer
hohe Gerichtshof trug nicht wenig zur allmählichen Untergrabung
der alten Verfassung Strassburgs und der übrigen ehemaligen
elsässischen Reichsstädte bei, in dem er die Vermischung des
französischen mit dem deutschen Rechtswesen veranlasste und
oft Machtsprüche wider alle deutsche Landesrechte und Frei-
heiten aussprach. Das Conseil Souverain d'Alsace bestand aus zwei
Kammern. Die erste fällte Beschlüsse über die sog. Regalien,
welche die königliche Souveränetät und königliche Domänen be-
trafen, ferner über Appellationen, Civilsachen, kirchliche Angelegenheiten und Prozesssachen des elsässischen Adels. Die
zweite Kammer hatte hauptsächlich Kriminalfälle unter sich. Der
hohe königliche Gerichtshof veröffentlichte auch Polizeimandate,
die Gesetzeskraft hatten, und übte Aufsicht über die Verwaltung
der geistlichen Güter aus; er überwachte auch die Verwaltung
der Spitäler und Kirchenkassen (sog. Fabrik- und Kirchengüter),
übte das Aufsichtsrecht über die Güter der toten Hand und
war die oberste Verwaltungsbehörde im Elsass. Der Gerichtshof
bestand aus zwei Präsidenten und zweiundzwanzig Ratsherren
(Conseillers), davon zwei Geistliche (conseillers-clercs). Ausserdem waren vier adelige Ehrenratsherren (conseillers d'honneur
d'épée) und zwei geistliche Ehrenwürdenträger (conseillers d'hon-

neur d'église). Ferner fungierten ein Generalprokurator, zwei
Generaladvokaten und zwei Stellvertreter derselben (substituts)
am Gerichtshofe. Im Jahre 1789 waren 64 Advokaten am Conseil
Souverain thätig.

Ein Präsident des hohen Gerichtshofes von Colmar, F r a n z
H e i n r i c h v o n B o u g, mit dem Zunamen Boug von Orsch-
weiler, gab im Jahre 1775 die bereits von seinem Vorgänger
v o n C o r b e r o n begonnene wertvolle Sammlung der «Or-
donnances et Arrêts du Conseil Souverain d'Alsace» heraus. Bei
dem Ausbruch der französischen Revolution bekleidete der Baron
F r a n z N i k o l a u s v o n S p o n das Amt eines ersten Präsidenten!

Die übrigen Gerichtshöfe im Elsass waren: die Regierungen
von Z a b e r n und von B u c h s w e i l e r, das Direktorium der
reichsunmittelbaren Ritterschaft des Unter-Elsass, die Rats-
kollegien der Stadt Strassburg und die unteren Gerichte der
zehn ehemaligen freien Reichsstädte des Elsass.

Die bischöfliche Regierung von Zabern war ein Appellgericht
für die Unterthanen des Bistums. Diese Regierung war zugleich, wie diejenige von Buchsweiler, eine Verwaltungs- und
eine Gerichtsbehörde. Es standen unter ihrer Botmässigkeit die
zehn Städte und die 110 Dörfer, die der Fürstbischof von Strassburg im Elsass besass, desgleichen die beiden überrheinischen
Aemter Renchen und Ettenheim. Sie durfte in Prozessen bis zu
einer Summe von 1500 Livres entscheiden. Dann ging die Ange-
legenheit an den hohen königlichen Gerichtshof von Colmar über.
Die bischöfliche Regierung bez. Gerichtsbarkeit bestand aus einem
Viztum (Vicedom), der den Vorsitz führte, einem Vize-Kanzler
und Siegelbewahrer, aus sieben Ratsherren, davon ein adeliger,
aus einem bischöflichen Fiskal und zwei Stellvertretern, einem
Gerichtsschreiber und zwei Registratoren.

Die Buchsweiler Regierung bestand aus einem Regierungs-
präsidenten, sechs Räten, einem Fiskal und einem Gerichtsschreiber. Ihr waren unterthan die 92 Städte und Dörfer der
neun hanau-lichtenbergischen, seit 1736 fürstlich hessischen
Aemter, die eine Bevölkerung von 100,000 Seelen zählten.
Durch eine besondere Vergünstigung des Königs von Frankreich
durften die Mitglieder der hanau-lichtenbergischen Regierung
sowie die Schulzen, «Stabhalter» genannt, der lutherischen Religion angehören.

Das Direktorium der unterelsässischen Ritterschaft durfte
als Gerichtshof seine Entscheidungen bis zu einer Summe von
500 Livres fällen. Es entschied auch in allen Rechtsfällen der
Adeligen unter einander und der Unterthanen mit ihren Herren.
Es bildete gleichfalls den Appellhof für die zehn ritterschaftlichen
Amteyen (auch Kellereyen genannt) des Elsass.

Durch die Kapitulation von 1681 hatte die Stadt Strassburg den Fortbestand ihrer städtischen Verfassung und Gerichtsbarkeit zugesichert erhalten. Die Kammer der Dreizehner war die oberste Gerichtsbehörde. Sie durfte in Civilprozessen bis zu einer Summe von 1000 Livres entscheiden. Sieben Beisitzer waren nötig, damit die Urteile rechtskräftig wurden. Das Amt eines Staatsanwalts bekleidete einer der Generaladvokaten der Stadt. Der «Grosse Rat» war der Appellhof für die Gerichtssachen, über welche der «Kleine Rat» in erster Instanz entschieden hatte. Auch die vier Aemter[1] der Stadt waren dieser Gerichtsbarkeit unterworfen.

In Weissenburg bestand bis 1789 das sog. «Staffelgericht», auch «Mundatgericht» genannt, welches sich mit Entscheidung von Erbschafts- und Schuldscheinstreitigkeiten sowie mit kirchlichen Angelegenheiten abgab. Es stand dieses Gericht unter dem Stadtvogt; einer der Schöffen leitete den Geschäftsgang. Unter der Gerichtsbarkeit des Landvogts von Hagenau (bailli royal de la préfecture de Haguenau) standen die sog. «fünfzig Reichsdörfer», die einst zur kaiserlichen Landvogtei gehörten.

Kultus.

An der Spitze des Bistums Strassburg stand im Jahre 1789 der durch seine Prachtliebe und die unglückselige Halsbandgeschichte bekannte Kardinal Ludwig Renatus Eduard von Rohan-Guémenée, der den Titel eines Fürstbischofs von Strassburg, Landgrafen von Elsass und Fürsten des h. römischen Reiches führte. In Strassburg waren vier geistliche Stifte; das Hohe Stift am Münster, das zwei Abteilungen hatte, das adelige Domkapitel der 24 Grafen; die Mitglieder desselben mussten sechzehn Adelsstufen aufweisen und gehörten den ältesten Adelsgeschlechtern Deutschlands und Frankreichs an-Wir begegnen unter ihnen den Namen von Hohenlohe, Truch. sess, Croy, Königseck, Salm, La Trémouille, Rochefort und anderen. Ferner das sog. Hohe Chor, das bloss aus Domherren bürgerlicher Abkunft bestand. Die drei anderen Strassburger Stiftskirchen waren Alt- und Jung-St. Peter und Allerheiligen. In Elsass bestanden seit alter Zeit zahlreiche Klöster. Die Hauptorden waren diejenigen der Benediktiner, Bernhardiner, Dominikaner, Johanniter, Augustiner, Franziskaner, Jesuiten und Kapuziner. Auch Nonnenklöster waren vorhanden; das berühmteste darunter war das Kloster Unterlinden in Colmar,

---

[1] Diese vier strassburgischen Aemter waren: Barr, Wasselnheim, Marlenheim und Illkirch.

im Mittelalter ein Sitz des Mystizismus. Im Jahre 1789 gab es im Elsass nicht weniger als 47 Klöster, die im ganzen Lande zerstreut waren. Namentlich erhoben sich viele davon im Hagenauer Forste, der vor Alters der « heilige Forst » genannt war. Im Elsass gab es ausser den städtischen und herrschaftlichen katholischen Pfarrstellen auch viele sog. « Königs-Pfarreien », welche der König Ludwig XIV. zur Ausbreitung der katholischen Religion im Lande in neuerrichteten katholischen Gemeinden gegründet hatte und deren Inhaber aus des Königs Schatulle besoldet wurden. Auch das Simultaneum, d. h. der Mitgebrauch und Mitbesitz einer Kirche seitens beider Konfessionen, ist eine Einrichtung Ludwigs XIV., die sich aber nichts weniger als segensreich erwies und oft eine Ursache des Streites und Haders wurde. Die Simultankirchen waren bei dem Ausbruch der französischen Revolution, welche die Glaubensfreiheit für alle Bürger aufstellte, im Elsass äusserst zahlreich vorhanden.

Die Zahl der Lutheraner erhob sich im Elsass im Jahre 1789 auf etwa 200,000 Seelen, welche in 160 Pfarreien sich verteilten. Eine einheitliche evangelische Kirche gab es vor einem Jahrhundert im Elsass nicht, sondern eine Menge von Territorialkirchen, von welchen die meisten teils die strassburgische, teils die hanauische, oder auch die colmarische, die württembergische, oder die nassauische Kirchenordnung angenommen hatten. An der Spitze der lutherischen Kirche von Strassburg stand unter der Aufsicht des Magistrats der Kirchenkonvent und das Kollegium der 21 Oberkirchenpfleger. Buchsweiler war der Sitz eines Generalkonsistoriums; in Reichenweyer war ein Superintendent, in Colmar und in anderen protestantischen Städten des Elsass ein Geistliches Ministerium; diese alle bildeten eigene geschlossene kirchliche Korporationen. Aus diesem Grunde kommt es, um dies gelegentlich zu erwähnen, dass im Elsass in Bezug auf kirchliche Gebräuche und liturgische Ordnungen eine grosse Mannigfaltigkeit herrscht und verschiedenartige Kirchenbücher, Gesangbücher, Katechismen und andere kirchliche Lehr- und Erbauungsbücher in dem kleinen Lande vorhanden waren und noch sind.

Die Zahl der Reformierten war im Elsass im Jahre 1789 eine verhältnismässig geringe. Die meisten derselben bewohnten Mülhausen, Markirch, wo eine deutsche und eine französische Gemeinde bestand, Bischweiler, die Umgegend von Saar-Union und von Weissenburg, wo zweibrückische und kurpfälzische Gebietsteile sich befanden. Einige reformierte Gemeinden waren auch von französischen Réfugiés gegründet worden. In Strassburg durften die Reformierten erst im Jahre

1788 ein bescheidenes Gotteshaus, doch nicht an der Strasse und ohne Glockenturm, in der Schildsgasse erbauen. Vorher mussten sie Sonntags nach dem hanauischen Dorfe Wolfisheim pilgern, wo ihnen gestattet war, ihren Gottesdienst zu halten. Selbst als der berühmte Zürcher Theologe Diakonus J o h a n n K a s p a r L a v a t e r im Jahre 1779 durch Strassburg reiste, konnte er — so strenge waren damals noch die lutherischen Anschauungen — keine Kanzel in der Stadt besteigen, und seine zahlreichen Verehrer mussten nach Wolfisheim ziehen, um den berühmten Mann predigen zu hören.

W i e d e r t ä u f e r gab es seit dem Westfälischen Frieden, wo sie namentlich aus der Schweiz gekommen waren, eine nicht unbeträchtliche Anzahl im Elsass. Sie wohnten meist auf einsamen Meierhöfen in Gebirgsgegenden und konnten ihre Zusammenkünfte wegen der weiten Entfernungen nur unter grossen Schwierigkeiten halten. Die Hauptorte, wo sie zusammenkamen, waren Markirch im Ober-Elsass und das Dorf Onenheim im Unter-Elsass.

Die J u d e n waren bis zum Ausbruch der Revolution im Elsass mehr oder weniger geduldet und lebten im Lande umher zerstreut, da wo man sie eben litt. Die wenigsten Israeliten hatten eigenen Grund- oder Häuserbesitz. Sie waren gehalten, dem König Schutzgeld zu zahlen und den Landesherrschaften gewisse gesetzlich bestimmte Abgaben, den sog. « Judenzoll » zu entrichten. Einige Rabbiner, z. B. in E t t e n- d o r f, wo die unterelsässischen Juden ihren Begräbnisort hatten, in Mutzig, in Buchsweiler, Ingweiler und anderen Orten, im Ober-Elsass in Winzenheim und Jungholz bei Gebweiler, versahen die religiösen Amtshandlungen bei ihren Glaubensgenossen. Sie trieben meist Trödel- und Krämerhandel oder waren Pferde- und Viehhändler. Nur wenige betrieben ein Gewerbe. In Strassburg duldete man seit der grossen Judenverfolgung im Jahre 1339 keine Juden mehr ; ausnahmsweise nur hatte der Magistrat um das Jahr 1770 dem Pferdehändler Cerf-Beer aus Medelsheim gestattet, ein Haus im Finkweiler, den sog. « Rappoltsteiner Hof » der seit jener Zeit den Namen « Judenhof » erhielt (heute erhebt sich dort die St. Ludwigsschule), zu kaufen und zu bewohnen. Bis zum Jahre 1790, wo sie emanzipiert wurden, durften die Juden in Strassburg nicht einmal übernachten.

Unterrichtswesen.

Das Elsass besass bei dem Ausbruch der französischen Revolution zwei Universitäten, eine protestantische und eine katholische. Die Lehrmethode an beiden war grundverschieden.

Dies war auch der Fall bei dem gewöhnlichen Schulunterricht.
In den protestantischen Lehranstalten war die deutsche Methode
vorherrschend, und das Studium der französischen Sprache
wurde als Nebensache betrachtet; in den katholischen Unter-
richtsanstalten wurde die in Frankreich übliche Lehrart befolgt.

Die protestantische Hochschule, die Schöpfung des Stätt-
meisters J a k o b S t u r m v o n S t u r m e c k und des Rektors
J o h a n n S t u r m aus Schleiden, war im Jahre 1538 als
Gymnasium errichtet worden ; 1566 erhob sie Kaiser
Maximilian I. zu einer Akademie mit den vier Fakultäten, und
im Jahre 1621, als die Stadt Strassburg durch den Vertrag
von Aschaffenburg aus der Evangelischen Union austrat, erhielt
sie von Ferdinand II. die Privilegien einer vollständigen Universität. Durch die Einziehung der Güter einiger säkularisierten
Klöster, namentlich des Thomasstifts, ward es dem Magistrat
möglich, die Besoldung der Professoren an denselben zu
erhöhen und dadurch tüchtige Lehrkräfte für die Hochschule
zu gewinnen.

In der zweiten Hälfte des vorigen Jahrhunderts wirkten
an derselben besonders J o h a n n D a n i e l S c h ö p f l i n,
der berühmte Geschichts- und Altertumsforscher, dessen Ruf
viele auswärtige Studenten, worunter Goethe, Herder, Jung-
Stilling, Lenz und andere, nach Strassburg lockte. Schöpflin
lebte in den achtziger Jahren nicht mehr, allein namhafte
Gelehrte wie J e r e m i a s J a k o b O b e r l i n, der Bruder
des Pfarrers aus dem Steinthal, C h r i s t o p h W i l h e l m
K o c h, J o h a n n M i c h a e l L o r e n t z auf dem Gebiete
der Geschichts- und Altertumskunde, die Hellenisten J o h a n n
S c h w e i g h ä u s e r und R i c h a r d F r a n z P h i l i p p
B r u n c k, die Mediziner J o h a n n R e i n b o l d S p i e l-
m a n n und J o h a n n F r i e d r i c h L o b s t e i n, der Natur-
forscher J o h a n n F r i e d r i c h H e r r m a n n, der Gründer
des Strassburger Naturalienkabinets, die Theologen J o h a n n
L o r e n z B l e s s i g und I s a a k H a f f n e r wirkten an
derselben und dienten ihr zur Zierde. Die protestantische
Universität von Strassburg war bis zum Jahre 1789 der
geistige Mittelpunkt und zugleich die Pflanzstätte deutscher
Wissenschaft und Sitte im Elsass. Durch die protestantische
Hochschule wurde in der Strassburger Bürgerschaft die Liebe
zum deutschen Stammlande, mit welchem das Elsass noch so
viele Beziehungen unterhielt, erhalten.

Die katholische Universität, welche seit 1701 in Strassburg
im ehemaligen Bruderhofe bestand, verdankte ihre Entstehung
der Berufung der Jesuiten in das Elsass durch Bischof Johann
von Manderscheid. Derselbe hatte ihnen im Jahre 1580 erlaubt,

eine höhere Lehranstalt in Molsheim zu gründen, welche 1617 zu einer katholischen Universität erhoben wurde. Diese Universität diente lediglich zur Heranbildung von Priestern für die bischöfliche Diözese des Elsass. Superior derselben war bei dem Ausbruch der Revolution der gelehrte und verdienstvolle Abbé Jean-Jean, der zugleich ein beredter Kanzelredner war.

Ausser den beiden Universitäten bestand im Elsass eine ansehnliche Reihe von höheren Lehranstalten. Protestantischerseits nennen wir : das Strassburger Gymnasium (1538 gegründet), das Gymnasium von Colmar (1604) und dasjenige von Buchsweiler (1612). Der in diesen Anstalten herrschende Geist war der ernst wissenschaftliche deutsche Geist. Katholischerseits befand sich der höhere Unterricht im Elsass gänzlich in den Händen der Jesuiten, welche eine Anzahl von Collèges im Land errichtet hatten ; die besuchtesten waren diejenigen von Strassburg (Collège royal, das heutige Lyzeum), Hagenau, Molsheim, Zabern, Schlettstadt, Colmar (das spätere Lyzeum), Ensisheim u. a. m. Seit dem Westfälischen Friedensschluss hatten die deutschen Jesuiten mit der österreichischen Herrschaft das Land verlassen müssen und waren durch französische Jesuiten aus der Provinz Champagne ersetzt worden.

Durch ihre feinen Weltformen, ihr gewandtes Wesen, ihre gefällige, hauptsächlich den Ehrgeiz anspornende Lehrmethode und die glänzenden, freilich mehr oberflächlichen als gründlichen Fortschritte ihrer Schüler gewannen die Patres der Gesellschaft Jesu allmählich das Vertrauen der höheren Gesellschaftskreise des Elsass, welche ihnen ihre Söhne zur Erziehung anvertrauten. Namentlich der Adel — und auch der protestantische — übergab ihnen seine Kinder zur Ausbildung. Dieser Umstand und dann die von den Jesuiten begünstigte Schliessung gemischter Ehen, bei denen der weibliche Teil meist katholisch war und wo darauf gedrungen wurde, dass die Kinder in der katholischen Religion erzogen würden, erklärt die grosse Zahl adeliger Uebertritte zum Katholizismus im 17. und 18. Jahrhundert. Der Einfluss der Jesuiten war in Folge dessen ein viel grösserer auf die höheren Kreise im Lande als derjenige des weltlichen Klerus, auf welchen sie übrigens, da sie ihn heranbilden halfen, ebenfalls stark einwirkten.

Das untere Schulwesen war bei dem Ausbruch der französischen Revolution im Elsass nicht vernachlässigt. In den Städten bestanden beinahe überall und besonders bei den Evangelischen sog. « Pfarrschulen », desgleichen katholische « Stifts »- und « Klosterschulen», welche aus kirchlichen Mitteln gegründet waren und durch Geistliche geleitet wurden. Daneben gab es viel Privatschulen, in welchen Schullehrer, auch Lehrerinnen (Schulmeister und Lehrfrauen) den Unterricht erteilten. Auf dem Lande, namentlich in der fürstlich hessischen ehemaligen Grafschaft Hanau-Lichtenberg, hatten die Herrschaften überall Schulen errichtet, welche — da der Schulzwang nicht bestand — mehr im Winter als zur Sommerszeit besucht wurden. Die Zahl der Schulstunden betrug täglich vier. Ausserdem gab es im Lande, besonders in einsamen Gebirgsgegenden, sog. «Wanderlehrer», welche sechs bis acht Wochen im Winter in einem Bauernhofe verweilten und die Kinder des Hauses sowie die liebe Jugend der umliegenden Meierhöfe während dieser Zeit notdürftig unterrichteten. Diese Wanderlehrer waren meistens ehemalige Soldaten (Invaliden), oder auch Weber, Schneider und sonstige Handwerksleute, welche neben den Unterrichtsstunden noch sonstige Arbeiten im Hause verrichteten und dafür von den Bauersleuten verköstigt und beherbergt wurden und noch einige Thaler Lohn erhielten. Lesen, Schreiben, Rechnen, Katechismus, etliche geistliche Kernlieder und eine Anzahl biblischer Geschichten und Sprüche konnten die meisten Leute im Elsass im Jahre 1789, und das genügte für die damalige Zeit im grossen und ganzen für das Volk. In Bezug auf Volksbildung stand jedoch das Elsass vor dem Ausbruch der französischen Revolution auf einer viel höheren Stufe als in den übrigen Provinzen des französischen Reiches.

Armen- und Krankenpflege.

Von altersher war das Elsass an wohlthätigen Anstalten und an Werken der Barmherzigkeit reich. In Molsheim, Buchsweiler, Hagenau, Zabern, Colmar und anderen Städten gab es «Elenden Herbergen» und Spitäler, in welchen Kranke gepflegt und Verlassene und Hilflose unterstützt wurden. In der Nähe von Brumath erhob sich Stephansfelden, ein ehemaliges Spitalhaus des heiligen Geistes regulierter Chorherren Augustiner-Ordens, welches im 13. Jahrhundert von den elsässischen Landgrafen von Werd zur Verpflegung der Armen und zur Versorgung der Findelkinder errichtet worden war. Im Jahre 1775 ward es säkularisiert und seiner ursprünglichen Bestimmung näher gebracht.

Die Stadt Strassburg war besonders reich an solchen Anstalten. Schon im Mittelalter besass sie eine «Elenden Herberge», worin arme Reisende einen Zehrpfennig erhielten, ein Siechenhaus für Aussätzige bei der Roten Kirche vor dem Steinthor, zu den «Guten Leuten» geheissen (woher der Name

des nahe dabei gelegenen Gottesackers St. Helenen noch heute
in der Strassburger Mundart «Gottite» heisst), ein Lazarett
für verwundete Krieger vor dem Spitalthor, ein Blatternhaus
u. s. w. Im Jahre 1789 waren in Strassburg zwei Spitäler, der
durch die Bischöfe der Stadt gegründete, 1482 auf dem Spital-
platz errichtete, 1716 durch einen grossen Brand zerstörte und
1720 in seiner jetzigen Gestalt aufgebaute sog. «Mehrere» (d. h.
Grössere) Bürgerspital, dem viele Bürger der Stadt reiche
Stiftungen zuwandten, und der sog. «welsche Spital», das heutige
Militärlazarett. Dasselbe wurde im Jahr 1692 auf Befehl Ludwigs XIV. errichtet und diente ausschliesslich der französischen
Garnison der Stadt. Mit dem Bürgerspital war auch ein anato-
misches Theater und eine Hebammenschule in der zweiten
Hälfte des 18. Jahrhunderts verbunden.

In Bezug auf das Armenwesen bestand zu Strassburg im
Jahre 1789 vor allem die St. Marx-Stiftung, deren Einkommen zumeist aus eingegangenen Klöstern, namentlich von
St. Marx, St. Arbogast, St. Barbara und anderen bestanden.
Dieses Einkommen reichte damals zur Unterstützung der städtischen Armen aus. Mit der St. Marx-Anstalt war auch eine
Bäckerei verbunden, welche bedürftigen Strassburger Familien
das sog. St. Marx-Brot verabreichte. Ferner gab es zu Strassburg ein Waisenhaus, welches seit der Reformationszeit in
den Räumen des früheren Klosters zu den Reuerinnen (Mag-
dalenenkloster), unweit der St. Katharinenkirche sich erhob.
Auch ein Findelhaus war seit 1748 in dem ehemaligen
Wilhelmerkloster errichtet worden.

Die Privatwohlthätigkeit entfaltete auch in Strassburg
ihre segensreiche Wirksamkeit. Die armen Studenten zogen
noch im vorigen Jahrhundert als Currendeschüler in den
Strassen umher und wurden unterstützt; bei feierlichen Gelegenheiten, namentlich bei Leichenbegängnissen reicher und
angesehener Bürger, sangen sie geistliche Lieder. Auch war die
Sitte allgemein verbreitet, begabten jungen Leuten, die arm
waren, einen sog. «Freitisch» zu gewähren. Fromme Stiftungen
mancher Art und zahlreiche Stipendien kamen der studierenden
Jugend zu gut, und mancher talentvolle Jüngling, der sonst
verkümmert wäre, konnte mittelst dieser Unterstützungen
seine Studien machen, sein Ziel erreichen und eine geachtete
Stellung in der menschlichen Gesellschaft erlangen. Für die
Armen und Notleidenden war vor dem Ausbruch der
französischen Revolution, welche das allgemeine Elend mehrte
und die unteren Volksschichten dreister und anmassender
machte, nicht nur in Strassburg, sondern auch im übrigen
Elsass in ausgiebiger Weise gesorgt.

Ackerbau, Handel und Gewerbe.

Der Ackerbau stand in der zweiten Hälfte des 18. Jahrhunderts in hoher Blüte im Elsass. Der Adel besass im Lande, besonders im Unter-Elsass, grossen Grundbesitz, und das war in mancher Hinsicht ein wahrer Segen für das Landvolk, in dessen Mitte die adelige Herrschaft den Sommer über in ihren Schlössern wohnte. Die adeligen Gutsbesitzer konnten, da sie die Mittel dazu reichlich besassen, manche Verbesserung in der Landwirtschaft einführen, manche segensreiche Einrichtung zum Wohl der ländlichen Bevölkerung ins Werk setzen; letztere war ihnen auch meist treu ergeben und legte von ihrer guten Gesinnung in der Revolutionszeit auch zahlreiche Beweise ab. Der Grundbesitz im Elsass war lange nicht so zerstückelt wie heutzutage, und der Landmann konnte die Früchte seiner redlichen Arbeit im Frieden und bei guter Ruhe geniessen.

Wohl hatten die Bauern auch drückende Lasten zu tragen, wie den Zehnten und die mannigfaltigen Fronden, allein es herrschte doch mehr Wohlstand unter ihnen und sie waren nicht so verschuldet und den Wucherern, die sie aussaugten, preisgegeben wie nach der Revolution. Viele Landleute besassen Haus und Hof und hatten dazu noch Aecker und Wiesen und in Rebgegenden auch Weinberge. Andere waren herrschaftliche Pächter und besassen ihr reichliches Auskommen. Auch in Strassburg und Colmar gab es eine ackerbautreibende Klasse, die «Gartner» genannt. Der Landmann im Elsass hing zäh an den alten Bräuchen und Sitten, ebenso an der Sprache und einfachen Lebensweise der Väter. Die französische Herrschaft hatte auf dem Lande keine tiefen Spuren zurückgelassen. Einen grossen Einfluss auf den Bauernstand übte die Geistlichkeit aus; auch die Amtleute und Dorfschulzen, oder wie man sie im Hanauischen nannte, die «Stabhalter», waren einflussreiche Persönlichkeiten.

In den letzten Jahren vor der Revolution hatte die Landwirtschaft im Elsass bedeutende Fortschritte gemacht. Namentlich der Tabakbau hatte im Lande sehr zugenommen und warf für den Pflanzer einen reichen Ertrag ab. In den Jahren 1760 bis 1770 wurden 50,000 Centner Tabakblätter eingeheimst. Infolge des amerikanischen Freiheitskrieges, wo die Tabaksendungen aus Amerika ausblieben, nahm der Bau dieser Pflanze im Elsass ungemein zu und betrug in den achtziger Jahren des vorigen Säculums 120,000 Centner, welche dem Lande eine Einnahme von 2,400,000 Livres einbrachten. In Strassburg allein waren im Jahre 1789 14 Tabakfabriken in Thätigkeit; dieselben beschäftigten hunderte von Arbeitern.

Der Boden im Elsass erwies sich für die Tabakkultur sehr günstig, indem die Pflanze daselbst keinen Bodengeschmack hatte. Es wurde daher der elsässische Tabak auswärts sehr gesucht und viel davon nach der Schweiz, nach Baden, nach der Pfalz und nach Holland ausgeführt.

Auch Weizen wurde viel gepflanzt, desgleichen Färberöte (garance), die für Militärzwecke verwendet wurde. Auch die Kultur der von Ludwig XVI. begünstigten Kartoffel wurde im Elsass rasch verbreitet, besonders im rauhen Steinthale, dank den Bemühungen des menschenfreundlichen und eifrigen Pfarrers Johann Friedrich Oberlin. Auch im Hagenauer Forst, dessen Sandboden für den Kartoffelbau sich sehr günstig erwies, wurde die Kultur derselben rasch verbreitet, desgleichen diejenige der Hopfenpflanze. Auch der Rebbau erfuhr, namentlich im Ober-Elsass, mehr Ausdehnung und manche Verbesserung. Die oberelsässischen Weine wurden besonders nach der Schweiz ausgeführt. Die Berge waren mit dichten Waldungen bedeckt, die in bestem Zustande sich befanden ; die Viehzucht hatte durch die Einführung von fremden Rassen merkliche Fortschritte gemacht, desgleichen die Veredlung der Pferdezucht, durch Anlage eines königlichen Gestüthauses (Haras royal) in Strassburg. Auch die Geflügelzucht und die schon vor der Revolution vorhandene Industrie der Gänsleberpasteten waren in Aufschwung. Das Elsass gewährte vor einem Jahrhundert den Anblick eines fruchtbaren, reich von Gott begabten und gesegneten Landes, für dessen gedeihliche Entwicklung der Ausbruch der französischen Revolution und deren sich überstürzende, alles bisher bestehende von Grund aus zerstörende Neuerungen durchaus keine Notwendigkeit war.

Auch Handel und Gewerbe befanden sich im Elsass in einem blühenden Zustande um das Jahr 1789. Zwar war die Grenze gegen Frankreich zu gesperrt, denn das Elsass war als eine province étrangère angesehen und behandelt, aber desto zahlreicher waren die Beziehungen zu Deutschland und der Schweiz. Die Rheinschiffahrt und der Transithandel blühten besonders in Strassburg. Dadurch wuchs der Wohlstand der Bürgerschaft, und mit demselben verfeinerten sich auch Geschmack, Sitten und Manieren. Letztere nahmen immer mehr den französischen Anstrich an, was schon Goethe in seinen Jugendeindrücken und in seinen Erinnerungen an das schöne Elsass auffiel, und was er in seinem Meisterwerke «Wahrheit und Dichtung» hervorhob. In Strassburg gab es mehrere grosse Speditionsgeschäfte, die zugleich Bankhäuser waren. Die namhaftesten derselben waren vor der

Revolution die Häuser von Türckheim und von Dietrich auf dem Broglieplatz; von Franck hinter der Klauskirche (das spätere Haus Renouard de Bussière) und der Gebrüder Ottmann im ehemaligen «Schiff» bei dem Kaufhause.

Im Gewerbewesen herrschte noch der Zwang der Zünfte und Innungen, welcher zwar die Freiheit des Einzelnen hemmte und ein Hemmschuh für die Konkurrenz war, aber dennoch eine heilsame Schranke bildete und die Wahrheit des alten Sprichworts bestätigte: «Handwerk hat einen goldenen Boden.» Denn nicht der erste Beste durfte Meister sein und ohne weiteres in Strassburg und den anderen Städten sich niederlassen; sondern er musste die Probe seiner Kunst ablegen und das Bürgerrecht sowie die Meisterschaft durch Kunst, Geschicklichkeit, Fleiss und längeren Aufenthalt in der «wunderschönen» Stadt sich allmählich erwerben.

Kunst und Wissenschaft, namentlich Musik, blühten gleichfalls im Elsass, besonders in Strassburg, wo sie reichliche Unterstützung und Anregung mancher Art fanden. Die Einführung französischer Modeartikel, Kleider und Hausgeräte verfeinerte den Geschmack und diente zur Entwicklung der Industrie. Das Elsass besass hauptsächlich in Strassburg (Gerbergraben), Barr, Wasselnheim, Zabern und anderen Städten ansehnliche Gerbereien. Auch Buchdruckereien, besonders in Strassburg, Eisenschmelzhütten (Niederbronn und Umgegend) und Waffenfabriken (Klingenthal und Mutzig) waren vorhanden. Strassburg war auch von altersher durch seine Pergamentfabriken (Pergamentergasse) und Glockengiessereien (davon die älteste die seit dem 17. Jahrhundert bestehende von Edel war) bekannt. In Mülhausen war seit der Mitte des vorigen Jahrhunderts die Fabrikation von Indienne- und Baumwollartikeln entstanden und im Aufschwung begriffen, und der Anschluss des kleinen schweizerischen Freistaates an Frankreich legte ein Jahrzehnt nach dem Ausbruch der Revolution (1798) den Grund zur nachherigen Entwicklung der Stadt und war für Mülhausen ein Akt der politischen Notwendigkeit.

Die Strassburger Messe, namentlich die Johannismesse, zog viele fremde Kaufleute an und dauerte vierzehn Tage lange; sie war die bedeutendste im ganzen Elsass. Auch für die Buchhandlung war sie, wenn auch in viel kleinerem Massstabe als die Leipziger und die Frankfurter Messe, wichtig. Der Sammelplatz der Buchhändler, Antiquare und Bibliophilen in Strassburg war im sog. «Kolajm» (Kollegium), dem alten Klostergange der einstigen Predigerkirche auf dem Neuen Markt (ehemaligen Predigerkirchhof). Gutenbergs edle Kunst blühte in

Strassburg; die bekanntesten Buchdrucker vor der Revolution
waren Heitz, Levrault und Leroux. Auch an Buch-
handlungen zählte die Stadt grössere Firmen; die namhaftesten
waren diejenigen von Lorentz und Schuler, Pfähler
(nachmals Treuttel und Würtz), Friedrich Rudolf
Salzmann (Akademische Buchhandlung in der Schlossergasse, wo seit 1788 die «Privilegirte Politische Strasburgische
Zeitung» erschien) und andere. So herrschte auf allen Gebieten
der menschlichen Thätigkeit, den materiellen wie den geistigen,
im Elsass überall ein reges Leben.

Von hohem Interesse ist die Schilderung, die ein Zeit-
genosse, der bekannte Staatsmann Johann von Türckheim,
in seiner merkwürdigen Denkschrift über die landwirtschaft-
lichen Zustände und die Handels- und Industrieverhältnisse
im Elsass im Jahre 1789 entwirft. Derselbe sagt darüber :

«Die Provinz Elsass ist durch eine Kette von Bergen, den
«Wasgau und den Jura, vom übrigen Reich getrennt; ihr wirk-
«liches Handelsverhältnis mit den französischen Provinzen ist
«nicht beträchtlich; durch die Schiffarth auf dem Rhein
«und durch die Strassen, die ihnen von Strassburg weg in's
«teutsche Reich offen stehen, werden die meisten von ihren Pro-
«dukten abgesetzt, und die Fremden verzehren ihren Tausch
«in der Waaren-Niederlage von Strassburg. Einer Seits brauchen
«die italiänischen und Schweizerwaaren, anderer Seits die aus
«Holland und anderen nördlichen Ländern die Strassen der
«Provinz, und diese Durchfuhr bringt viel Geld herbei, erleichtert
«den Commissionnairs den einzelnen Absatz der Landeswaaren,
«beschäftigt die Handwerker und unterhält zu Strassburg ein
«Corps von sehr erfahrenen Schiffern, welche dem Staat oft
«nützliche Dienste geleistet haben, und sein stark gehendes Fuhr-
«wesen, das durch seine Zehrungen sehr einträglich ist. Diese
«Industrie kann nur so lange vor dem Wetteifer der Fremden
«gesichert sein, als sie beschützt wird. In dieser Ueberzeugung
«liess Ludwig XIV. durch Colbert bald nach der Eroberung des
«Elsasses einen besonderen Tarif für die Domänen des obern
«Elsasses verfertigen, die auf ihre Consumirung und den Gang
«des Handels gelegt wurde. Dieser Tarif sollte das Elsass auf
«immer von der Finanz-Herrschaft der fünf grossen Pachten
«(fermes) befreyen.

«Als die Stadt Strassburg sich mit Frankreich vereinigte,
«erhielt sie durch ihre Capitulation die Beybehaltung der Rechte
«und Immunitäten, die sie schon in der Provinz genossen, und
«ihrer Handelsfreyheiten insbesondere. Sie wurde sogar von
«Colbert durch die bestimmte Bedingung begünstigt, dass alle
«nach Strassburg gehenden Waaren und alles ausgehende Gut

«an den Büreaux des untern Elsasses von allen Gebühren frey
«seyn sollten; an den ober-elsassischen Büreaux, wo die Erz-
«herzöge immer einen Zoll eingezogen hatten, mussten sie eine
«mässige Gebühr von 8 Sols vom Centner entrichten.
«Diese Vergünstigung musste den Ackerbau der Provinz
«blühend machen und ihren Handel mächtig heben. Unter dem
«Schutze dieser Verfassung war die Provinz immer in einem
«vortrefflichen Zustand.
«Folgende sind die Haupterzeugnisse des Elsasses: Zum
«ersten der Tabak. Vor der Vereinigung dieser Provinz mit
«Frankreich bis zum Jahre 1749 hatte der Bau und die Fabrizi-
«rung das Tabaks jährlich grosse Summen in's Elsass gebracht;
«es versorgte damit die Schweiz, einen Theil von Deutschland
«und sogar von Italien. Im Monat Mai 1749 brachte die General-
«Pacht (ferme générale), in der Absicht das Verschicken des
«Tabaks in das Innere der Provinzen, die ihrer Verwaltung
«unterworfen waren, zu verhindern, die französische Regierung
«zu dem Entschluss, eine königliche Erklärung zu erlassen,
«durch welche auf jedes Pfund fremden Tabaks, der in das
«Elsass kam, eine Gebühr von 30 Sols zu erheben sey. Da aber
«der elsässische Tabak nicht wohl verführt werden konnte,
«wenn er nicht zuvor entweder mit Virginischem Tabak oder
«mit Pfälzen Blättern vermischt ist, so kam die Auflage von
«30 Sous einem Verbot des fremden Tabaks gleich. Mehrere
«fremde Manufakturen, so die bekannte Firma Lotzbeck in
«Lahr, errichteten Manufakturen in der Markgrafschaft Baden,.
«im bischöflich Speyerischen Gebiet und in der Pfalz. Das
«Elsass empfand diesen Verlust auf das Lebhafteste. Die Pro-
«vinz bemühte sich lange Zeit, aber vergebens, den Widerruf
«der Erklärung (Ordonnance royale) von 1749 zu erlangen;
«erst im Jahre 1774 erhielt sie von der französischen Regierung
«die Verordnung, dass Alles, was diesen Artikel betrifft, wieder
«auf den alten Fuss gesetzt werden sollte.
«Seit diesem Zeitpunkt bis zum Ausbruch der Revolution
«brachte der Tabakbau im Elsass in gewöhnlichen Jahren
«etwa 120,000 Blätter hervor, wovon der mittlere Preis zu 12
«Livres der Centner, eine Einnahme von 1,440,000 Livres für
«die tabakbauende Landbev ölkerung betrug.
«Diese 120,000 Centner zu 12 Livres der Centner, werden
«fabriziert in Carotten, die zu 26 Livres der Centner, in Mehl zu 20
«Livres und in Rollen zum Rauchen zu 17 Livres verkauft werden.
«In Hinsicht auf die Menge eines jeden dieser drei Fabrikate
«kann man einen mittlern Preis von 20 Livres für den Centner
«rechnen. Die 120,000 Centner Rohtabak bringen also zu diesem
«Preis gerechnet, eine runde Summe von 2,400,000 Livres her-

«vor, wovon 1,440,000 Livres dem Bauern und 960,000 Livres
«dem Handelsmann für die Bearbeitung und den Handelsgewinn
«zufallen.

«Während des amerikanischen Krieges wurde der Tabak-
«bau im Elsass um ein Drittel vermehrt, und der mittlere Preis
«stieg auf 30 Livres der Centner.

«Die übrigen Zweige des Ackerbaues im Elsass vor der
«Revolution waren : der Hanfbau. Der Ankauf desselben
«auf beiden Seiten des Rheins beläuft sich auf 40,000 Centner,
«welche etwa 1,400,000 Livres auswerfen. Er wird im Elsass
«verarbeitet und dann auswärts verkauft. Ferner die Lein-
«wand. In der kalten Jahreszeit wurde überall auf dem Lande
«gesponnen und das Garn in den Dörfern selbst gewoben.
«Der elsässische Ackersmann und Weber hatte einen erkleck-
«lichen Gewinn vom Bau und von der Verarbeitung des Hanfs;
«die elsässische Leinwand fand in der Schweiz, in Frankreich,
«wo die Zölle an den Barrières aber stark waren, und meist in
«Deutschland, einen grossen Absatz. Auch Magsamen,
«Rübsamen und Nussöl wurden in Elsass viel fabrizirt
«und mit Vortheil verkauft und unterhielt viele kleine Oelmühlen
«im Lande. Neben denselben bestanden viele grössere Mahl-
«mühlen an den vielen Bächen, welche die Provinz durch-
«strömen und im Gebirg, wo die Waldungen noch dichter
«waren, fand man, namentlich in der Umgegend von Nieder-
«bronn noch viele Meiler, welche die Kohlen- und Eisen-
«industrie der Barone von Dietrich unterhielt. Die übrigen In-
«dustrien, Indiennefabriken, Baumwollwebereien und Spin-
«nereien, deren Ausgangspunkt Mülhausen in Ober-Elsass ist,
«sind noch einer grossen Entwicklung fähig.

«Der elsässische Weinbau war ebenfalls blühend. Die
«meisten Weine der Provinz, besonders in Ober-Elsass, werden
«von den Schweizern aufgekauft und concurriren mit den Mark-
«gräßer und Pfälzer Weinen.»

So weit der sachkundige und zuverlässige Baron Johann
von Türckheim.

Militärverwaltung.

Vor der französischen Besitznahme des Elsass im Jahre
1648 gab es am Oberrhein drei Hauptfestungen, welche den
Schlüssel zum Elsass bildeten : Breisach, Strassburg
und Philippsburg. Breisach und Philippsburg fielen an
das deutsche Reich zurück, und als Ludwig XIV. sich der Stadt
Strassburg bemächtigt hatte, liess er sofort eine Anzahl von
befestigten Plätzen anlegen, um sich den Besitz des Elsass zu

sichern. Die französischen, sämtlich von Vauban nach demselben Plane erbauten Rheinfestungen waren: Hüningen, Neu-Breisach, Schlettstadt, Strassburg mit der Citadelle, Fort-Louis und Lauterburg. Weiter im Lande waren: Hagenau, das eine Ringmauer und einige Vorwerke hatte, Weissenburg und Landau. Die festen Mauern und Türme von Colmar und Zabern waren 1673 und 1677 abgebrochen und durch das Pulver gesprengt worden. Es blieben davon nur schwache Ueberreste. Ferner gab es noch im Elsass vier Gebirgsfestungen, nämlich das feste Belfort und die Schlösser von Landskron im Juragebirge, Lichtenberg und Lützelstein in den Vogesen. In diesen festen Plätzen waren die französischen Truppen, deren es im Jahre 1789 24,000 im Elsass gab, in Garnison. Es waren ferner etwa 500 Mann Gendarmerie (Maréchaussée), die in 17 Brigaden eingeteilt waren, im Lande und einige Invalidencompagnieen, die in den kleinen Bergfesten lagen.

Der kommandierende Befehlshaber der Provinz, der den Titel eines Commandant en chef führte, war bis 1788 der bekannte Marschall von Contades, dem zu Ehren eine Promenade vor der Stadt den Namen «Contades» erhielt. Das Hôtel des Oberkommandanten befand sich in der Blauwolkengasse, es war das heutige Landgerichtsgebäude.

Der Nachfolger von Contades war der Marschall de Stainville, der aber bald darauf starb. Im Jahre 1789 war der Graf von Rochambeau, Lafayettes Waffengefährte und Freund, Oberbefehlshaber der Provinz Elsass. Unter dem oberkommandierenden General standen drei Generallieutenants (lieutenants généraux) und zwei Königslieutenants (lieutenants de roi, auch maréchaux de camp genannt).

Da das Elsass Frankreich gegenüber bis zum Ausbruch der Revolution als eine auswärtige Provinz angesehen wurde, so lagen auch viele fremde, sogenannte deutsche und Schweizerregimenter im Lande. Die bekanntesten elsässisch-deutschen Regimenter waren: Royal-Alsace, Royal-Deux-Ponts, Royal-Hesse, La Marck, Strasbourg-Artillerie, Hussards de Conflans (früher Hussards de Saxe-Weimar), Royal-Allemand, Nassau-Saarbrück, Chasseurs de Chamborant, Royal-Nassau (Husaren), Rosen (Cavallerie). Diese Regimenter waren aus den Ueberbleibseln des ehemaligen Weimarischen Heeres, einer der bestgeschulten Armeen in Europa während des dreissigjährigen Krieges, entstanden. Nach dem Tode des Herzogs Bernhard von Sachsen-Weimar war bekanntlich dessen Heer, durch die Bemühungen des Generals von Erlach, der durch französisches Gold gewonnen war, in der Festung Breisach in den Dienst

Frankreichs getreten. Nach dem Westfälischen Frieden wurde ein Teil der weimarischen Truppen entlassen; die übrigen Regimenter wurden neugestaltet und erhielten andere Benennungen und Uniformen. Wenige rein französische Regimenter waren, mit Ausnahme von Belfort, bei dem Ausbruch der französischen Revolution im Elsass in Garnison.

In jeder elsässischen Festung oder Garnisonsstadt war ein Platzkommandant mit seinem Stab (état major). Derselbe bezog von der Stadt freie Wohnung und Brennholz und hatte das Jagdrecht im Weichbilde derselben. Auch mussten, da wo keine oder ungenügende Kasernen vorhanden waren, die Bürger häufig Einquartierung sich gefallen lassen. Bessere Bürger mussten ein Zimmer für Offiziere stets in Bereitschaft halten; dasselbe nannte man: la chambre de l'officier. Die Stadtbehörden waren auch angehalten die Wachthäuser (corps de garde) beleuchten und heizen zu lassen.

Folgendes Verzeichnis wird dem geneigten Leser eine Uebersicht über den französischen Truppenstand im Elsass im Jahre 1789 geben:

Belfort. Besatzung: Zwei Bataillone Royal-Marine und vier Schwadronen Dragons de Lorraine. In letzterem Kavallerieregiment diente als Unteroffizier der nachmalige König von Schweden, Bernadotte. Gleichzeitig lebte mit ihm in Belfort in den achtziger Jahren als Baumeister sein Waffengefährte Kleber aus Strassburg.

Hüningen. Garnison: Zwei Bataillone des Regiments de Bourgogne.

Colmar. Diese unbefestigte Stadt hatte nur eine Kavalleriebesatzung; es lagen in derselben vier Escadrons der Dragons de Monsieur.

Neu-Breisach. Garnison: Zwei Bataillone des deutschen Regiments Zweibrücken, dessen Inhaber der Herzog von Pfalz-Zweibrücken war, und vier Schwadronen der Chasseurs d'Alsace. Im Fort-Mortier lag eine Invalidencompagnie.

Schlettstadt. Garnison: Zwei Bataillone des Regiments La Marck und vier Schwadronen der Chasseurs de Champagne. Der Oberst letzteren Regimentes war der Graf von Lezay-Marnésia, ein älterer Bruder des unvergesslichen Präfekten des niederrheinischen Departements.

Strassburg. Die Besatzung der Stadt Strassburg, in welcher sich eine Artillerieschule und eine Kanonengiesserei befand, bestand im Jahre 1789 aus folgenden Truppen: Zwei Bataillone des Regiments Royal-Infanterie, zwei Bataillone des Regiments Royal-Alsace, dessen Oberst der bekannte und volkstümliche Prinz Max war; zwei Bataillone des Regiments

Royal-Hesse-Darmstadt, dessen Oberst der Erbprinz Ludwig, Landgraf von Hessen-Darmstadt, war. Ferner lagen vier Schwadronen des Regiments Royal-Cavallerie und vier Escadrons des Regiments Artois daselbst in Garnison. Endlich war noch das Regiment Strasbourg-Artillerie dort in Garnison ; in demselben dienten viele junge Strassburger.

Hagenau. In dieser offenen Stadt lagen vier Schwadronen der Hussards de Conflans. Die Kavalleriekaserne, die durch Ludwig XIV. erbaut worden war, stand auf der Stätte, wo einst die alte Hohenstaufenburg sich erhob, die im Jahre 1677 mit dem grössten Teil der Stadt Hagenau, durch den Parteigänger La Brosse zerstört, in Flammen aufging.

Fort-Louis. In dieser Festung befanden sich 200 Mann des Regiments de Beauvoisis, die von Weissenburg hin detachiert waren.

Weissenburg. Garnison : Zwei Bataillone des Regiments von Beauvoisis.

Landau. Diese Stadt, die bis zum Jahre 1814 zum Elsass gehörte, besass eine durch Vauban erbaute starke Festung, in welcher bei dem Ausbruche der Revolution zwei Bataillone Infanterie vom Regimente de Neustrie und zwei Schwadronen des Husarenregiments de Chamboran (auch Chamborant) lagen.
— In Pfalzburg, dem «Schlüssel» zur Zaberner Steige, lagen zwei Bataillone des Regiments La Marck und vier Escadrons der Chasseurs de Champagne in Garnison.

In den kleinen Gebirgsfesten Landskron (unweit Basel), Lichtenberg und Lützelstein, auch im Schlosse zu Belfort und im Fort-Mortier bei Neu-Breisach lagen Invalidencompagnieen.

Ausser dieser stehenden Armee hatte der Marschall von Contades im Jahre 1762 eine Miliz (garde bourgeoise) in allen elsässischen Städten, mit Ausnahme von Strassburg, ins Leben gerufen. In Colmar z. B. waren drei Compagnieen Bürgermiliz, die von der Farbe ihrer Uniformen die blaue, die rote und die graue hiessen. In Strassburg bildeten die reichen Bürgersöhne bei festlichen Gelegenheiten eine reitende Ehrengarde. Die Milizen hatten den inneren Dienst in den Städten, Wachen, Nachtrunden, Patrouillen u. s. w. zu versehen. '

Steuerwesen und Finanzen.

Die Finanzlage im Elsass vor dem Ausbruch der französischen Revolution war keine ungünstige, obwohl die Last der Abgaben seit der Vereinigung mit Frankreich bedeutend zugenommen hatte. Es gab zweierlei Steuern, herrschaftliche und königliche. Zu den ersten gehörte der Zehnten, die

Fronsteuer, das Ohmgeld oder die Weinsteuer, die Gerichts-
gebühren und die Strafgelder, endlich die Begräbnissteuern.
Was die königlichen Abgaben betrifft, so bestanden dieselben
in der Entrichtung der beider Zwanzigsten (deux vingtièmes),
die sich jährlich auf 740,000 Livres belief, aus der Kopfsteuer,
die 500,000 Livres betrug, und aus dem Chausseegeld, welches
sich auf 400,000 Livres belief. Ausser diesen Auflagen lasteten
noch manche indirekte Steuern auf dem elsässischen Volk.
Wir nennen darunter das Maréchausséegeld, die Abgaben zur
Abschaffung des sog. «Beth» im strassburgisch-bischöllichen
Gebiete, die Steuern für die Rheineindämmung, die Abgaben
für den Sold der Milizen und den Bau und Unterhalt der Kasernen, die Auflagen für die Fütterung der Kavalleriepferde
u. a. m. Die ausserordentlichen Abgaben beliefen sich auf ungefähr 1,400,000 Livres. Dazu kamen noch die Kosten für einzelne Gemeinden, welche die Höhe von 800,000 Livres erreichten.
Dagegen war das Elsass als auswärtige Provinz von der
lästigen Salzsteuer (gabelle) befreit, welche bei dem französischen
Volk so unbeliebt war, ferner von den Abgaben auf Lebensmitteln und Waren (aides), und hatte nur das Ohmgeld oder
die Weinsteuer zu zahlen. Statt der Grundsteuer (taille) be-
zahlte das Elsass eine Geldsumme, die ursprünglich sich auf
99,000 Livres belief, aber mit der Zeit die Höhe von 300,000
Livres erreichte. Diese letztere Auflage, von welcher die Geistlichkeit und der Adel befreit waren, nahm bei der in Frankreich
zunehmenden Finanzzerrüttung derartig zu, dass sie im Jahre
1789 die Summe von nahezu 9 Million Livres erreichte.
Das Elsass zahlte im Jahre 1789 über 5 Millionen Livres
Abgaben, von denen etwa 2 Millionen in den königlichen Schatz
(Trésor du roi) flossen. Die herrschaftlichen Steuern, Zehnten,
Fronden, Beth u. s. w. betrugen etwa 1 Million Livres; die
indirekten Steuern 2 Millionen.
Was die Stadt Strassburg anlangt, so war sie laut des
6. Artikels der Kapitulation von 1681 von allen Kontributionen
und Auflagen befreit, und Seine Majestät überliess der Stadt
alle ihre gewöhnlichen und aussergewöhnlichen Einnahmen, um
dieselben zu deren Unterhalt zu gebrauchen. Trotz dieser Immu-
nität entrichtete die Stadt dem König eine Menge sog. freiwilliger
Geschenke (dons gratuits), die man als indirekte Abgaben ansehen konnte, und musste sich vielen Dienstleistungen unter-
ziehen. So entrichtete sie eine Hilfssteuer (subside) von 60,000
Livres für den Unterhalt der elsässischen Festungen, eine Summe
von 38,000 Livres für das Mobiliar in den öffentlichen Gebäuden, die an den Generalstab (Etat major) der Stadt und der
Citadelle und an den Intendanten der Provinz abgegeben wurden,

einen Beitrag von 72,000 Livres für Lieferung von Brennholz und Wellen an die französischen Stabsoffiziere und an die Militärverwaltung. Ferner zahlte der Magistrat jährlich 80,000 Livres für den Unterhalt der Kasernen und 20,000 Livres für denjenigen des Vaubanschen (heutigen Breusch-) Kanals. Endlich lasteten noch auf der Stadt die Kopfsteuer, die zwei Zwanzigsten oder die 4 Sous vom Livre und die Beisteuer zu den Besoldungsgebühren des Conseil Souverain d'Alsace. Zur Bestreitung dieser drei Auflagen musste der Strassburger Rat jährlich eine Summe von 250,000 Livres aufbringen. Im ganzen hatte die Stadt Strassburg an Frankreich bei dem Ausbruch der Revolution eine Totalsumme von 1,039,600 Livres Steuern zu bezahlen, bei einem städtischen Einkommen von 1,582,482 Livres. Die Schuld der Stadt belief sich im Jahre 1789 auf etwa 2 Millionen Livres.

Verkehrsleben und Geselligkeit.

Strassburg war in der zweiten Hälfte des 18. Jahrhunderts eine von Fremden viel besuchte Stadt. Ausser den ausländischen Studenten, namentlich aus der Schweiz, Süddeutschland, Oesterreich und den russischen Ostseeprovinzen, welche, durch Schöpflins europäischen Ruf angezogen, nach der dortigen Universität strömten, um neben den Wissenschaften die französische Sprache zu erlernen, war der Handelsverkehr mit Deutschland, Frankreich und der Schweiz ein sehr reger. Drei Postwagen gingen jede Woche nach Paris ab; diese « Diligencen » wie man sie nannte, nahmen ihren Weg über Wasselnheim, die Zaberner Steige, Pfalzburg, Nancy, Lothringen und die Champagne. Auch mit dem Ober-Elsass, mit Hochburgund (Franche-Comté), Lyon und dem südlichen Frankreich hatten die Strassburger Handelsleute zahlreiche Geschäftsverbindungen. Drei Postwagen gingen ferner wöchentlich nach der Schweiz ab, und der Verkehr mit Deutschland war ein viel häufigerer noch, denn täglich fuhren eine Menge von Fuhrwerken und Lastwagen über die Kehler Rheinbrücke.

Die sog. « kleine Post » (la petite poste) oder Briefpost war durch einen Erlass des königlichen Staatsrats vom 11. April 1779 eingerichtet worden. Das Hauptbureau der Stadtbriefpost (Bureau général) derselben befand sich in der Judengasse, unweit der Maurerstube; 14 Briefträger und 2 Supernumerare (surnuméraires) versahen den Dienst in der Stadt. 49 Briefkästen waren in der innern Stadt, in den Vorstädten (fauxbourgs) und in der Citadelle angebracht. Die Austeilung der Briefe geschah täglich viermal in der Stadt.

6

Die Stadt Strassburg hatte vor dem Ausbruch der französischen Revolution das Gepräge einer unfreundlichen finsteren Stadt. Die Strassen waren enge und nicht sehr reinlich, was davon herrührte, dass viel Wasser, das jetzt überbrückt ist, durch die Stadt floss. So war z. B. der Gerbergraben eine düstere Gasse, in welcher Schmutz und Unreinlichkeit herrschten. Viele Häuser hatten noch sog. Ueberhänge, d. h. das erste Stockwerk ging vor, was die Strassen verengerte. Da wo jetzt der Illkanal durch die Stadt sich zieht, war in der Mitte ein Damm, von beiden Seiten mit stehendem Wasser umgeben, das schädliche Ausdünstungen, namentlich in den Sommermonaten, verbreitete. Strassburg, eingeengt durch den Festungsgürtel der Vaubanschen Wälle und Bastionen, konnte sich weder ausdehnen noch verschönern und war weit davon entfernt die « wunderschöne Stadt » zu sein, welche der Dichter besingt. Und doch war es hier gut zu wohnen, denn vor der Revolution herrschte unter den Bürgern der Stadt — Arnolds Lustspiel «Der Pfingstmontag» beweist es — deutsche Art und Sitte, welche den französischen Revolutionsmännern so verhasst war, dass sie im Jahre 1793 den Vorschlag machten, die Elsässer in das innere Frankreich zu verpflanzen und dagegen Vollblutfranzosen nach Strassburg zu versetzen, um dort den deutschen Geist mit Stumpf und Stiel auszurotten. Einen schlagenden Beweis, wie wenig die französische Sprache vor der Revolution gerade in Strassburg verbreitet war, legt das dortige Zeitungswesen ab. Das gelesenste und verbreitetste Blatt in der Stadt war die 1788 gegründete und bei dem Buchdrucker Friedrich Rudolf Salzmann,[1] der zugleich in der Schlossergasse die «Akademische Buchhandlung» besass, erscheinende « Privilegirte Strasburgische Zeitung». Im Jahre 1789 erschien sie unter dem Namen « Strasburgische Politische Zeitung » und 1792 unter dem Titel «Der Weltbote». Dieses Blatt erschien zuerst dreimal in der Woche und von 1790 an täglich, am Sonntag ausgenommen. Salzmanns Nachfolger war sein Tochtermann Johann Heinrich Silbermann, unter dessen Leitung das Blatt den Namen « Der Niederrheinische Kurier » annahm. Ferner kam seit der Mitte des vorigen Jahrhunderts zweimal wöchentlich bei Philipp Jakob Dannbach das «Strass burger Wochenblatt» heraus. Beide Blätter erschienen in deutscher Sprache. Desgleichen ein zweites Wochenblatt, das später bei Silbermann unter dem Namen «Les affiches de Strasbourg » erschien und heute noch herauskommt.

---

1 Der Buchdrucker Friedrich Rudolf Salzmann wird oft mit seinem Vetter, dem Aktuar Daniel Salzmann, verwechselt.

Die namhaftesten Gasthöfe in der Stadt waren im Jahre
1789 folgende : Der Geist, gegenüber der Klausbrücke. Dort
waren Herder, Jung-Stilling, Goethe bei ihrer Ankunft in
Strassburg abgestiegen. Ferner der Gasthof zum Raben
auf dem Rabenplatz ; dort hatten (1741) Friedrich II. von
Preussen, von den alten Strassburgern nur der « Grosse Fritz »
genannt, und Kaiser Joseph II. (1779) bei ihrem Besuche in
Strassburg einige Tage gewohnt. In der Metzgergasse befanden
sich der Badische Hof und auf dem Metzgerplatze die
Stadt Wien (gegenüber der heutigen gleichnamigen Restau-
ration). Beide Gasthöfe waren viel von den « Ueberrheinern »
und den fremden Kaufleuten, welche die beiden Strassburger
Messen (die Weihnachts- und die Johannismesse) besuchten,
aufgesucht. In unmittelbarer Nähe des Kaufhauses war das
Spanbett, bekannt durch den schrecklichen Brand desselben,
und die Blume. Der Gasthof, der mit Vorliebe vom unterelsässischen Adel und demjenigen der Ortenau und des Breis-
gaus besucht wurde, war das äusserlich beinahe unverändert
gebliebene schöne Giebelhaus mit den zierlichen Erkern, einst
zum Schiff genannt. Dasselbe war eine ehemalige adelige
Trinkstube. Die beiden anderen waren : der Hohe Steg und
der Mühlstein bei dem Salzhaus, wo einst die mächtigen
Adelsgeschlechter derer von Zorn und von Müllenheim
zusammenkamen. Im Goldgiessen befand sich der Goldene
Apfel, und auf dem Münsterplatz erhob sich das Haus Zum
Hirtzen, ebenfalls zwei alte Strassburger Gasthöfe.

Ausser diesen Gasthäusern, in welchen ein starker Fremden-
verkehr stattfand, bestanden noch 20 bürgerliche Zunftstuben,
in welchen die Strassburger Bürger ihre Familienfeste, ihre
Tauf- und Hochzeitessen und ihre fröhlichen Gelage zu halten
pflegten. Die vornehmsten Zunftstuben waren diejenigen « Zur
Luzerne » (Laterne) bei der alten Korngasse und « Zum Spiegel »
in der Schlossergasse. Anfangs Juli 1789 wurde auf dem
Paradeplatz (Kleberplatz) ein neuer Gasthof errichtet, der bald
zu den ersten der Stadt zählte ; es war dies das noch heute
bestehende « Rothe Haus », in welchem General Bonaparte bei
seiner Durchreise nach Rastatt zum dort stattfindenden Kongress
(Dezember 1797) einige Stunden weilte und eine Mahlzeit einnahm. Die Familien von Dietrich und von Berckheim hatten
die Ehre an seiner Tafel zu speisen.

Nach der Revolution erhielten sich die alten Benennungen ;
die meisten früheren Zunftstuben wurden in Bierhäuser um-
gewandelt. Eine derselben, in der Tucherstubgasse, wurde zum
deutschen Theater eingerichtet. Die französische
Komödie erhob sich auf dem Broglieplatze, brannte jedoch

in den neunziger Jahren völlig ab, worauf ein stattlicher Neu-
bau sich erhob. In den drei Vorstädten, Steinstrasse, Kronenburgerstrasse
und Weissturmthorstrasse, gab es eine grosse Anzahl von
Wirtshäusern, wo meist die Bauersleute, welche am Mittwoch
und Freitag die Wochenmärkte besuchten, ihre Mahlzeiten einnahmen. Der Hauptverkehr in Strassburg war vor der Revolution in der Nähe der Grossen Metzig und des Kaufhauses. Dort wurden die Waren abgeladen, die auf dem
Wasserwege in die Stadt kamen, und wurden von den starken
und kräftigen «Packern» und Sackträgern, die eine Art von
Zunft bildeten, in Empfang genommen und den Kaufleuten
ins Haus gebracht. In der Nähe dieser Gebäude war auch der
Fischmarkt. Dorthin kamen mit Vorliebe die sogenannten
« Ueberrheiner » oder Landleute aus der Umgegend von Kehl
und des rechtsrheinischen Hanauer Landes.

Ausser den Gasthöfen und Wirtshäusern gab es um das
Jahr 1789 in Strassburg noch viele Kaffee- und Bierhäuser.
Letztere waren meist dunkle und unansehnliche Lokale, in
welchen in niederen Stuben und bei dem Schein trübe
brennender Oellichter der Gambrinussaft abends mit Behagen
von den ehrsamen Bürgern und Handwerkern bei einer Pfeife
« Tabak » oder holländischen « Kanasters » und unter kurz-
weiligen Reden getrunken wurde. Die Strassburger Bierstuben
hatten noch bei dem Ausbruch der Revolution und selbst bis
in die dreissiger Jahre unseres Jahrhunderts hinein ein rein
deutsches Gepräge. Die ältesten Bierstuben waren diejenigen
zum Leopard, zum Tiger, zum Einhorn, zum
Vogel Greif, zum Delphin, zum Kranich, zum
Riesen, zum Wolf, zum Bären, zum Vogelsang
u. a. m. Die Benennungen derselben waren meist dem Tier-
reich entlehnt.

Was die Kaffeehäuser betrifft, so hatten die meisten
derselben einen französischen Anstrich und waren auch vor-
nehmlich von dem französischen Publikum, namentlich von
Offizieren und höheren Beamten besucht. Auf dem Paradeplatz
(heutigen Kleberplatz) befanden sich zwei Kaffeehäuser, das
Café Suédois und das Café militaire. In unmittelbarer Nähe
desselben, an der Ecke des Gerbergrabens und des Eisernmann-
platzes, stand das Kaffeehaus zum « Blauen Bauer », das viel
von Militärs besucht wurde. Unweit des heutigen Theaters
erhob sich das Café de la Comédie française. In der Schlossergasse war das Café des Marchands, das besonders, wie es sein
Name anzeigt, von Kaufleuten besucht war und eine Art
Börsenlokal bildete. Auf dem Münsterplatz stand das Café de

la ville de Paris; auf dem neuen Markt erhob sich das Café
Gayot, das seine Benennung dem Namen eines französischen
Intendanten des Elsass im vorigen Jahrhundert entlehnt hatte.
In der Nähe der heutigen Uhlanenkaserne, auf dem sog.
« Ritterplatz », war das Café de Saint-Nicolas, welches seinen
Namen von der früheren Klosterkirche St. Klaus in Undis (an
den Wassern) hatte. In der Citadelle war auch ein Kaffeehaus,
welches ausschliesslich von den Offizieren der Garnison besucht
wurde und als Schild den bezeichnenden Namen Café aux
armes de France führte.

Bezüglich der öffentlichen Promenaden, so gab es
deren in Strassburg selbst vor dem Ausbruch der Revolution
nur e i n e, nämlich den Broglie (später von den Strassburgern
« Breuil » genannt, der heutige Broglieplatz), der im Jahre 1740
auf die Anregung des Marschalls von Broglie, dem damaligen
Militäroberkommandanten der Provinz Elsass, auf dem ehe- [
maligen « Rossmarkt » angelegt und mit Lindenbäumen an-
gepflanzt worden war. Zu Ehren des Marschalls von Broglie
wurde die Promenade, die noch heute eine Zierde Strassburgs
ist, nach dessen Namen benannt.

Der Contades, der seine Benennung von dem Marschall
von Contades, Broglies Nachfolger, erhielt, wurde auf dem
ehemaligen Schiessrain vor dem Judenthor, dem Vereinigungs-
orte der Schützen, woselbst auch die Schützenfeste abgehalten
wurden, im Jahre 1764 angelegt. Bei dessen Anlage blieb der
bekannte alte Lindenbaum stehen, in dessen breiten und weit-
verzweigten Aesten man einen Tanzplatz errichtet halte, wo am
Sonntag die Tanzvergnügungen stattfanden. Am Eingang des
Contades stand noch eine ansehnliche Sommerwirtschaft, die
namentlich von den Volksklassen besucht und worin jeden
Sonntag getanzt wurde, aber ausschliesslich in deutscher Manier.
Die damals in Strassburg üblichsten Tänze waren bekannt
unter dem Namen : « les Allemandes ». Ueberhaupt war noch vor
einem Jahrhundert deutsche Art und Sitte unter der Strassburger Bürgerschaft stark vertreten und gab es in der Stadt
zwei Gesellschaften, die einheimische oder deutsche und die
eingewanderte oder französische. In Colmar wurde um
die Mitte des vorigen Jahrhunderts vor dem Rufacher Thor,
in unmittelbarer Nähe der Stadt, auch eine grosse Promenade
angelegt, die zu Ehren des Intendanten de Vanolles dessen
Namen erhielt. Als die Revolution ausbrach, wurde sie Champ
de Mars (Marsfeld) geheissen und bildet heute eine Zierde
der Stadt.

Die Ruprechtsauer-Allee vor dem Fischerthor
wurde im Jahre 1692 durch den Marquis d'Huxelles, Militär-

kommandant der Provinz Elsass, nach den Plänen des berühmten Gartenbaukünstlers Le Nôtre angelegt. Die beiden Rondelle am Ende der Allee erhielten dessen Namen. In der Ruprechtsau besassen viele Strassburger Familien Landgüter, in welchen sie die Sommermonate zubrachten. Auch war dort ein beliebter geselliger Vereinigungspunkt der Bürger in «Christians Garten». Vor dem Metzgerthore gab es ein ebenso besuchtes Wirtschaftslokal, nämlich «Baldners Garten», in welchem der alemannische Dichter Johann Peter Hebel, der oftmals nach Strassburg kam, wo er mit den Familien Stöber, Blessig, von Türckheim, Wegelin befreundet war, seine bekannte Erzählung vom «falschen Ring» spielen lässt. Dieselbe, die mit vielem Witz und Humor, wie die Hebelschen Stücke alle, geschrieben ist, erschien zuerst im Rheinländischen Hausfreund.

Ein beliebtes Vergnügen der Strassburger Bevölkerung vor der Revolution war die Schiffahrt auf der Ill. Im Sommer fuhren zahlreiche Gesellschaften auf Schiffen und Nachen auf dem Illfluss nach der Richtung von Ostwald zu. Dort an den bewaldeten Illufern oder auf freundlichen kleinen Inseln brachten die Strassburger Familien an schönen Sonntagen den Nachmittag zu; dort wurden einfache Mahlzeiten (sog. pick-nick, zu denen jedes Mitglied der Gesellschaft beitrug) auf dem grünen Rasenteppich gehalten. Dort brachte unter Spiel, Gesang und Tanz die muntere Jugend einige vergnügte Stunden zu und kehrte, an Leib und Seele erfrischt und gestärkt, mit den Eltern, Geschwistern und Jugendgenossen bei Mondschein und klarem Sternenhimmel auf dem Wasserwege in die Stadt zurück. Auf dem Illfluss wurden auch häufig im vorigen Jahrhundert von den Mitgliedern der Schifferzunft, den sog. «Schiffischen», wie man in Strassburg sie hiess, die meist am Wasserzoll, im Finkweiler und in der Krautenau wohnten, die so beliebten und volkstümlichen «Gänselspiele» aufgeführt. Ueberhaupt hatte die Geselligkeit vor der Revolution einen ganz anderen Charakter als nach derselben und auch als in unserer Zeit, und jedenfalls war die Genusssucht damals weniger ausgeprägt wie heutzutage und kamen die Vergnügungen nicht so teuer zu stehen.

Die alten Strassburger waren reiselustige Leute; besonders wenn sie jung waren, besahen sie sich die Welt und kehrten mit vielen neuen Anschauungen und an Erfahrungen mancher Art bereichert in ihre Vaterstadt zurück. In älteren Jahren nahm die Reiselust bei ihnen ab; da brachten sie am liebsten die Sommermonate auf dem Lande zu. Beinahe jede wohlhabende Familie von Strassburg besass in der Nähe der Stadt ein Landhaus. In Schiltigheim, Kolbsheim, Dorlisheim, Krautergersheim, Scharrachbergheim, Wasselnheim, Barr, Ittenweiler und anderen Orten besassen die reichen Strassburger Familien Landhäuser, und der Einfluss, der von ihnen aus auf die ländliche Bevölkerung sich erstreckte, war ein segensreicher. Auch das Steinthal, wo der unvergessliche Pfarrer Johann Friedrich Oberlin über ein halbes Jahrhundert wirkte, übte eine grosse Anziehungskraft auf die Strassburger aus. Oberlin hatte in seinem geräumigen Pfarrhause ein Pensionat, in welchem viele Töchter aus besseren Strassburger Familien einige Jahre zubrachten, um einen gründlichen Unterricht zu empfangen, eine christliche Erziehung zu geniessen und französisch zu lernen. Die Familien Ziegenhagen, Stöber, von Berckheim, von Türckheim und andere übergaben dem ehrwürdigen Geistlichen ihre Kinder zur Erziehung. Auch die Familie von Dietrich, die Herrschaft des Steinthals bei dem Ausbruch der Revolution, war mit Oberlin innig befreundet; ja während der Schreckenszeit fanden die Töchter des Barons Johann von Dietrich im Oberlinschen Pfarrhause eine Zeitlang eine sichere Zufluchtsstätte.

Die Badorte, welche die Strassburger Bürgerschaft vor der Revolution am meisten zu besuchen pflegte, waren die Renchthalbäder: Antogast, Petersthal und Griesbach; der Kniebis war für die Badegäste ein beliebter Ausflugspunkt. Auch in dem benachbarten Bad Rippoldsau suchten viele Strassburger Linderung für ihre Leiden und völlige Genesung. Baden-Baden zog gleichfalls von jeher die Strassburger Familien an.

Im Elsass selbst war das besuchteste Bad Niederbronn. Die Vogesen, die damals wilder und waldiger waren wie jetzt, zogen im Sommer viele Touristen an, trotzdem dass die gastwirtlichen Einrichtungen daselbst im vorigen Jahrhundert noch sehr primitiver Art waren. Wie beliebt solche Gebirgswanderungen waren, davon legen die begeisterten Schilderungen Zeugnis ab, welche z. B. Andreas Silbermann, Imlin, Pfeffinger, Moritz Engelhard und andere hinterlassen haben. Der menschenfreundliche und volkstümliche Arzt Dr. Johann Pfeffinger z. B. hat alle alten Burgen, deren Ruinen die Höhe des Wasgaus krönen, beschrieben, und seine handschriftlichen Aufsätze darüber befinden sich heute noch — unbenützt — auf der Strassburger Universitäts- und Landesbibliothek. Emanuel Friedrich Imlin hat dazu Ansichten gezeichnet, die heute besonders, nachdem von den Ruinen manches zerstört worden ist, ihren Wert haben. Auch diese Ansichten, die auf der gleichen Bibliothek sich befinden,

sind noch nicht veröffentlicht worden. Diese Männer waren
die Vorgänger Schweighäusers und Golbérys sowie
Rothmüllers, deren Werke heute so geschätzt und gesucht sind.

Wenn wir, am Schlusse unserer geschichtlichen Darstellung
angelangt, einen Rückblick auf die Zustände und Verhältnisse
des Elsass im Jahre 1789 werfen, so ergiebt sich für den auf-
merksamen Beobachter jener Zeit folgendes Resultat. Das Elsass war vor einem Jahrhundert ein von der Vorsehung und
Natur reich gesegneter Landstrich und eine der fruchtbarsten
Provinzen der französischen Monarchie; auch ein im ganzen
zufriedenes und glückliches Land, das nach langen und schweren
Kämpfen die Wohlthaten und Segnungen des Friedens genoss.
Die Revolution von 1789, die einen geschichtlichen Wendepunkt
für das Elsass bildet und die man heutzutage auf alle Weise
zu verherrlichen sucht, die Revolution, deren Errungenschaften
von Vielen als ein Fortschritt der Menschheit bezeichnet werden, brachte — wenigstens dem Elsass — nicht die so hoch
gepriesene Freiheit, denn vor 1789 genoss das Elsass überhaupt und die Stadt Strassburg insbesondere grössere Rechte
und Privilegien als nachher. Auch war der allgemeine Wohlstand in Stadt und Land grösser vor als nach der Revolution,
und der elsässische Adel, der vielen Grundbesitz besass, war
ein Segen für das ganze Land. Dies zeigte sich deutlich in
der Folgezeit, als die meisten unterelsässischen Adeligen, um
Freiheit und Leben zu retten, über den Rhein emigrierten und
dem neuentstandenen Grossherzogtum Baden und dessen
erstem Oberhaupt, dem «grossen Markgrafen» Karl Friedrich,
eine Summe von materiellen Gütern und geistigen Gaben und
Kräften zuwandten, die für das Elsass einen unersetzlichen Verlust, für Baden dagegen einen nicht hoch genug anzuschlagenden
Gewinn bedeutete. Auch auf anderen Gebieten zeigte sich im
Elsass gegen früher ein entschiedener Rückgang, namentlich
die höhere Bildung und der Wohlstand der Bürgerschaft in
den Städten ging nach 1789, infolge der Schreckensherrschaft
und der langen Revolutionskriege entschieden rückwärts. Auch
der religiöse Sinn nahm in Stadt und Land durch die Ereignisse der Revolution bedeutend ab; darüber führten die Geistlichen beider Konfessionen bittere Klagen. Die Beantwortung
der Frage, ob das Elsass durch die französische Revolution
mehr gewonnen als eingebüsst hat, ist schwer zu geben.
Zweierlei jedoch steht fest: die Bande, welche das Elsass bisher mit Deutschland verknüpft hatten, wurden durch die Revolution gewaltig gelockert, und die Väter, welche jene titanen-
hafte Zeit erlebt und deren Drangsale erduldet haben, urteilen

darüber in ihren Aufzeichnungen ganz anders als ihre Enkel,
welche die Revolution nur im Glorienscheine der französischen
Legende ansehen. Der historischen Wahrheit aber werden wir
wohl am nächsten kommen, wenn wir sagen : Die Revolution von
1789 hat zwar hohe und ideale Ziele aufgestellt und verfolgt,
jedoch unter Verkennung der Gesetze der normalen Entwicklung aller menschlichen Dinge, und an der Stelle alter, be-
währter Einrichtungen nicht immer Besseres geschaffen.

III.

Landsknechte und Hofleute

in elsässischen Dramen des 16. Jahrhunderts.

Auszüge von **E. Martin.**

Das Volksdrama des 16. Jahrhunderts hat auch im Elsass
eine reiche Blütezeit gehabt, wenn schon nicht ganz so reich
wie in der Schweiz, mit welcher das Elsass auch in dieser
Beziehung, bald gebend, bald empfangend, in Austausch stand.
Während aber die Mitlebenden ein unersättliches Gefallen
daran hatten immer wieder die bekannten, meist der Bibel
entlehnten Stoffe recht ausführlich und mit möglichst zahlreicher
Beteiligung der jungen Bürgerschaft, vor allem der Schüler,
aufgeführt zu sehen, interessiert uns beim Lesen der durch
den Druck aufbewahrten Stücke ganz besonders die naive Ein-
kleidung der alten Geschichten in das Gewand der damaligen
Gegenwart, eine Gewohnheit, welche das 16. Jahrhundert vom
Mittelalter ererbt hatte, die aber zu unserer fast pedantischen
Strenge in der Beobachtung des historischen Costüms den
schärfsten Gegensatz bildet.

· Von den zahlreichen Bildern aus dem Leben unserer Vor-
fahren, welche auf diesem Wege uns zugekommen sind, werden
im Folgenden zwei zur Wiedergabe gebracht.

Das eine stellt das Landsknechtswesen dar, wie es sich,
mit Wiederbelebung uralter Grundzüge, um 1500 neu gestaltet
hatte. Frei ist der Wille dessen, der sich anwerben lässt, aber
das einmal gegebene Wort, das genommene Handgeld bindet
ihn unverbrüchlich für die Dauer des Feldzugs. Aus der Frei-
willigkeit des Eintritts erklärt es sich, dass der Hauptmann,
ja der Oberst sogar mit den Landsknechten so kameradschaft-

lich verkehrt. Zwar die Formen, in denen er sie anspricht,
könnte man auch heutzutage wiederfinden, in dem « Guten
Morgen, Leute ! » « Guten Morgen, Herr Hauptmann », welches
wenigstens vor kurzem noch üblich war. Aber völlig ab-
gekommen ist, dass die Vorgesetzten der Reihe nach, vom
Obersten bis zum Fähndrich, sich noch des besonderen Ein-
verständnisses der Soldaten versichern, welches diese mit den
treuherzigen Worten versichern : « Warum das nit, warum das
nit ? » So selbständigen Mitstreitern gegenüber, welche der
Hauptmann als « Brüder » anredet, erklärt sich auch die Rücksicht, mit welcher die Soldatenweiber behandelt werden. Man
muss sich an den ungeheuren Tross erinnern, der die Heere
jener Zeit und bis in den 30jährigen Krieg hinein begleitet.

Die treue Wiedergabe der wirklichen Verhältnisse im
Drama kommt uns noch auffallender vor, wenn wir bedenken,
dass die Landsknechte und ihre « Mätzen » von der Schuljugend
dargestellt wurden. Besser passte für diese die Komik anderer
Scenen : bei der Belagerung Jerusalems warfen die Belagerten
auf die Angreifer mit « äschenen Kugeln das schier keiner den
andern vor Staub sehn kundt — welches alles sehr lecherlich
und kurzweilig zu sehen war». Offenbar wurde mit den Kugeln
aus Asche der Pulverdampf nachgeahmt, welcher allerdings bei
der Belagerung von Jerusalem einen neuen Anachronismus
bildete. Mit solchen komischen wechselten dann wieder überaus
grausige Scenen ab : einem jüdischen « Rädleinführer » Simon
wird das Herz aus dem Leibe geschnitten und um den Mund
geschlagen ; so übte man ja auch in Wirklichkeit Justiz.

Das Drama, welchem die ausgehobenen Scenen angehören,
ist betitelt : « C o m o e d i a Vom König der seinem Sohn
Hochzeit machte, aus dem XXI und XXII Capitel Matthei gezogen » und schildert, wie die Einladung Gottes von den buss-
fertigen Heiden angenommen, von den Juden aber zurück-
gewiesen wird, worauf Gott die Ermordung seines Sohnes
durch die Zerstörung Jerusalems rächen lässt. Es ist 1574 zu
Ensisheim aufgeführt, 1575 zu Basel gedruckt worden. Der
Dichter, Johannes Rasser, war Stadtpfarrer zu Ensisheim : eine
Lebensskizze, soweit sie nach den lückenhaften Ueberlieferungen
möglich war, ist in der Allg. Deutschen Biographie, Bd. 27,
gegeben worden.

In dem unten folgenden Abdrucke aus diesem und dem
anderen Stücke ist die Interpunktion verbessert, die Abkürzung
‾ in n oder en aufgelöst und einigemale hinter Druckfehlern
die Berichtigung in eckigen Klammern eingeschaltet.

Dieses andere Stück trägt den Titel « TRAGOEDIA.
Johannis des heiligen Vorläuffers vnd Täuffers JESV CHRISTI,

warhaffte Hystori . . . gespilt durch ein Ehrsame Burgerschafft
zû Colmar, 25 u. 26. Maij, Anno 1573.» Gedr. Strassburg
1575. Die Widmung an den Rat zu Colmar ist unterzeichnet :
Colmar, 12 Brachmonats 1575, Andreas Meygenbrunn,
Lateinischer Schulmeister. Nach Gödeke, Grundriss II² 391 ist
das Stück nur aus einem andern wiederholt (aus Nr. 68 S. 348
bei Gödeke, nicht wie S. 391 gedruckt steht, Nr. 84), welches,
mit gleichlautendem Titel versehn, am 21. Julii 1549 zu Solothurn aufgeführt und zu Bern gedruckt 1549, von Johannes
Al von Bremgarten, zu jener Zeit Probst in Solothurn, gedichtet
worden war; schweizerische Idiotismen, wie n e u t für « nichts,
nicht », bestätigen diesen Ursprung. Immerhin aber giebt sich
doch in der Wiederholung jenes Dramas der Geschmack des
Colmarer Publikums aus jener Zeit zu erkennen.

Wir wohnen dem Feste des Herodes bei, dessen Opfer
Johannes der Täufer wurde. Es beginnt mit einem Trinkgelage.
Ein vollkommen ausgebildeter Trinkcomment herrscht : einer
fordert den anderen auf, dieser kommt einem dritten vor. Aber
nicht nur die Edelknechte, auch die Hoffräulein sind trefflich
darin geübt; selbst Salome, die Tochter der Herodias, trinkt
ihrer « Seugamm » zu. Dann folgen Spiele : erst Fechterspiele,
dann Tanz. Salome tanzt allein, ein Ritter gesellt sich zu ihr.
Alles staunt über ihre Kunst, Herodes giebt das bekannte un-
überlegte Versprechen, wegen dessen ihn sein Hofnarr kräftig
beruft. Das Mädchen fragt ihre Mutter ; diese preist ihr Glück,
wie denn abergläubische Redensarten und Segnungen auch
sonst wiederkehren.

Möge der Humor alter Zeiten auch bei unseren Lesern
billige Würdigung finden.

---

1. Rasser Comoedia von der Hochzeit.

Der III. Actus.

Des Anderen Tags.

Der Römische Senat stund auff, vnnd bald kam ein Trommenschlager,
schlegt vmb, schreiet vberlaut, vnd sprach.

Trommenschlager.

Also hört auff, jr liebe leut!
Welcher als bald wolt dienen heut
Der Keiserlichen Majestat,
Der mag noch vor dem abend spat

Dorthin bald in das Wirtzhauss kommen:
Da find er gelt, wie ich vernommen,
Vnd darzu auch gar guten b'scheit
Bey den Hauptleuten allbereit.

Auff solche weiss schlug er zum dritten mal vmb.

Dem Hauptman Centurio begegnen etliche Landtskuecht; zu denen spricht er.

Ir Brüder, wo wolt jr hinauss?

Kriegsleut.

Herr Hauptman, dort in das Wirtzhauss.

Hauptman Centurio.

Wolan, so ziehet dapffer hin!
Ich glaub, ich wöll bald bey euch sin.

Allhie begegnen dem unleren Hauptman zwo Kriegs Mätzen : zu den
spricht er.

Ir Mützen, wo wolt jr hinauss?

Die Matzen antworten beide.

Wir wöllen dort in das Wirtzhauss

Hauptman Primipilus.

Meint jr das es etwar zu nutzt
Das jr allbeid so wol gebutzt
Jetzund in den Krieg ziehen wollen?
Lugt das jr euch nicht müssen drollen
Zu hauss oder heimwerts zuruck,
Ehe das jr kommen vber d'bruck.

Die erst Mätz.

Wer will euch mann wüschen vnd wäschen,
Wann jr ligen wie d'vollen Fläschen
Vnd nicht wissen wo auss wo an,
Wie dann ein jeder voller mann
Am morgen ligt vnd klagt das Haupt,
Als ob er seiner sinn beraubt.
Da klagt er vnd schreit nach dem weib
Das sie wöll pflegen seinem leib
Vnd jm ein warmes brühlin bringen.

Hauptman Primipilus.

Darumb ist er g'west guter dingen
Vnd hat jedem thon guten b'scheit,
Dardurch man jm gross lob nach seit.

Die erst Mätz.

Es ist ein rhum der scheltens werdt,
Vnd wann schon all man auff der er[d]
Noch ernstlicher hierwider stritten.

Hauptman Primipilus.

Hey, jr lass[t] euch dannocht erbitten
Vnd thun allwegen gern das best,
Wann wir kommen als völle gest.

Die ander Mütz.

Wie kompts dann das jr vns veracht
Vnd vnser so gar wenig acht,
Wann jr im Krieg kranck vnd schwach werdt
Vnd da müsst ligen ob der erden [l erd],
Auch niemand haben der euch thut
Zimlichen Raht auss frischem mut.
Ich sags euch, wann jr vns nicht hetten,
Wie ich dann wol mit euch dörfft wetten,
So wurden jr zum offtermal
Ellend verderben vberal.

Hauptman Primipilus.

Ir habt mir geben meinen b'scheidt,
Das muss ich sagen bey meim eydt.
Darumb gebt hin vnd ziehet forth!
Sih, es kommen mehr Landtsknecht dorth.
Ir Brüder, der schimpff will sich machen.

Die Landtsknecht.

Des mögen wir all wo[l] gelachen:
Dann zweytracht vnd vneinigkeit
Ist vns allweg die höchste freidt.
Herr Hauptman, wo gibt man gelt aus?

Hauptman Primipilus.

Kompt her mit mir dort ins Wirtzhauss:
Da findt jr gelt vnd guten b'scheit.

Die Landtsknecht.

Des habt jr danck in ewigkeit.

Allhie kam der dritte Hauptman auss dem Wirtz[haus]; dem stiessen auch
etliche Landtsknecht auff.

Hauptman Chiliarchus.

Ir Brüder, fort vnd dapffer dran!
Der Betteldantz der hebt sich an.
Der schimpff will sich dermassen machen
Das manchem s'Hertz im leib wirdt krachen.

Die Landtsknecht.

Herr Hauptman, wir wend manchen schären
Das er nicht mehr wird heim begeren.

Hauptman Chiliarchus.

Secht, diser dort ist wol g'staffiert,
Weil er ein Mätzen mit jm fürt.

Die Landtsknecht.

Herr Hauptman, des hab danck mein leib;
Vnd wann sie schon nicht wer mein weib,
So wolt ich sie nicht von mir lassen.

Hauptman Chiliarchus.

Mätzlin, wo nauss so vnuerdrossen?

Die dritt Mätz.

Herr Hauptman, ich will in den krieg.
Ich förcht das mich mein mann betrieg
Vnd von mir lauff, so bald wir kommen
Auss disem landt, wie ich vernommen,
Vnd schier die sachen will verstohn.
Doch will ich allg'mach naher gohn
Vnd jm so lang nachfolgen eben
Biss das er sich heim will begeben.

Hauptman Chiliarchus.

Ich glaub, wie mich die sach versteht,
Das jr darumb jetz mit jm geht
Damit er nicht ein ander weib
Im nemme die für seinen leib
Vnd jm vil lieber wer dann jr.

Die dritt Mätz.

Ir habts erahten, glaubet mir.

Hauptman Chiliarchus.

Wolan, so ziehet fort auch jr!

Der V. Actus.

Des Anderen Tags.

Allhie Belegerten sie die Statt Jerusalem, vnd ehs [l. eb] das geschah
warden die Kriegsknecht von den obersten Hauptleuten vnnd Beuelchs-
leuten vermanet das sie mannlich streitten solten.

Der Oberst Tribunus Militaris.

Guten abend, liebe Landtsknecht!

Die Kriegsleut.

Danck habt, danck habt! jr haben recht.

Tribunus Militaris.

Liebe Bruder, liebe Landtsknecht,
Ich bitt, jr wölt mich mercken recht
Vnd niemand im Krieg vnrecht thun:
Des will ich euch gebetten nhun.

Ir wollet keinem das sein rauben
Vnd euch fleissig vmbschauwen
Das jr euch benngen wolt lassen
An ewerem sold vnuerdrossen.
Verschonet auch der armen leut
Vnd darzu der Geistlichen heut,
Auch der Gottsheuser allenthalb,
Vnd Kindtbetterin mannigfalt,
Sampt vil anderen krancken leuten:
So wirt vns Gott zu allen Zeiten
Glück vnd Sieg wider den feind geben.
Habt jrs gefasst vnd gemercket eben?

Landtsknecht.

Gar wol, wir wölln darnach thun leben.

Hauptman Centurio.

Guten abend, liebe Landtsknecht.

Kriegsleut.

Danck habt, danck habt, jr haben recht.

Hauptman Centurio.

Ir Brüder, jr werd dem nachkommen
Wie jr jetzund haben vernommen.

Kriegsleut.

Warumb des nit, warumb des nit?

Hauptman Primipilus.

Guten abend, liebe Landtsknecht.

Landtsknecht.

Danck habt, danck habt, jr haben recht.

Hauptman Primipilus.

Ir Brüder wolt fleissig versehen
Euwer wacht vnd achtung drauff geben
Vnd allem dem was man euch sagt
Fleissig nachkommen vnuerzagt.

Hauptman Chiliarchus.

Ir Landtsknecht, so vil ewer hie,
Lugt das keiner verlassen thie
Die Fenlein, wann es ist von nöten;
Darbey jr euch ehe solt lan tödten.

Die Fenrich einer nach dem anderen sprechen

Liebe Brüder, liebe Landtsknecht!
Ich hoff jr habt verstanden recht,
Was man euch jetzund fürgehalten
Vnd werden thun wie auch die alten,

Leib, ehr vnd blut zum Fendlein setzen
Vnd dasselbig nicht lan verletzen,
Sondern bewaren allezeit
Mit ewrem leib morn wie auch heut.
Wann jr nun dasselb wöllen thon
So mögt jrs euch wol hören lohn.

Sie antworten all.

Warumb nit, warumb nit.

Trummen und pfeiffen giengen vnnd man belegert die Statt Jerusalem . . .

2. Meygenbrunn Tragoedia von Johannes.

Actus III. Scena II.

Volgends handlet und redt man ob der Edelleut Tisch.

Der erst Edelman.

Ist es den grossen Herren recht,
So thunds auch billich d'Edel Knecht.
Wolan, gut Gsell, ich bring dir ein,
Den obern vnd den vndern stein.

Der ander Edelmann.

Gott gsegne dirs, ich will jhn han,
Lieb ist der Wein, vil lieber mir der man.

Der drit zum andern Edelmann.

Wie bistu so ein voller troll!

Ander Edelmann zum driten.

Ich halts, vnd wer es ein Kübel voll.

Der ander Edelmann trinckt vnd spricht.

Dass dich alse vnglück fliehen müss.
Wie ist der Wein so hertzlich süss!
Er schleicht ein die Keelen nider glatt,
Biss einer nit mehr im Trinckgschirr hat.
Schenck [Sch. ein?] das mög treiben ein Rad,
Sich, so vil hab ich truncken grad.

Der drit Edelmann zum vierdten.

Ich send dir disen Becher zu,
Vnd lug vff mich wie ich jm thu.

Der vierd Edelmann.

Far dapffer her vnd trincke doch!
Jetzt trinckt der drit vnd spricht der vierdt.
Sich wol, der Wein der schmackt dir noch.
Ich meind, er wer dir gar erleid,

7

Der drit Edelmann.

O nein, ich thu noch dapffer bescheidt.
Wann ich dessen nit mehr mag jnnemmen,
So leut man mir mit Glocken zemmen.
Dann bin ich tod, oder gwiss sehr kranck.

Der vierd Edelmann.

Das ist recht, hab jmmer danck.

Weiter zum fünfften Edelmann.

Schwager, es gilt dir so vil Wein.   '

Der fünfft Edelmann.

Nun gsegne dirs Gott ins hertz hinein.

Jetz trinckt der vierd, redt der fünfft.

Ey wie thut mein schwager so gut schlück.
Wa gut wein, da ist eittell glück.

Der vierd.

Thut mir so lieblich jn hin gohn,
Dz ich nit können ablohn
Biss ich gaach den Boden blos.
Nun sehin, gib dem ein guten stos.
Vnd fass jhn vor wol in knoden,
Trincks gar auss biss an den boden.
So würstu seiner gütte jnnen.

Der fünfft.

Das thut mir wol im hertzen dinnen.
Yetz düret mich nit halb mehr alss vor,
Ich was zerlechtzet wie ein Ror
Das lang ist an der Sonnen glegen.

Der Sechst.

Muss ich ohn trincken sein, botz degen!
Das mirs ewr keiner bringen will?
Nun schlag ich doch auch auss nit vil.
Wess muss ich armer boss doch entgelten?

Der Sibende zu Sechsten.

Damit das niemand könnest schelten,
Wanns dir in frendschafft gliebt alss mir,
Ein guttes trincklin bring ich dir.

Der Sechste.

Gsegne Gott im hertzen, ich habs gern,
Gar auss, gfalt mir wol, botz morgenstern.

Der Siben.

An wem ist nun der Trunck erwunden?

Der Sechst gegen dem achten.

Da han ich noch ein Gsellen funden
Der hat auch noch nie keins von vns ghan.

Der achtest.

Ich halts vnd bring dir disen dran.

Der Sechst.

Kans nit abschlag[n], mir liebt der Man.

Legt ein gedigne wurst seim gesellen für vnd spricht.

Nim hin, iss die gesaltzen wurst,
So kumbt dir widerumb der durst.

Der achtest.

Ich darff derhalb der Wurst gar nit,
Ich trinck sonst gnug wie vnser sit.
Wann ich schon gessen hab kein biss,
Kan ich drincken vff ein rübschnitz
Oder sonst ein grüene muscatnuss,
Die noch ist weyt zu Venedig duss.

Musica.

Ob der Königin Tisch.

Herodias.

Ich bring dirs, Tochter, allein vff das,
Wie ich gered hab, du weist wol was.
Das du so bald wöllest hurtig sein.

Salome.

Frauw Mutter, es ist mir ein lieber wein.
Mir ist, der schimpff wöll sich bald machen.
Der König fahet redlich an zu lachen,
Er würd schier ein guts schepfflin han,
So bald ichs sie, so wil ich dran.
Mein liebe Seügam, das gilt dir.

Seügam.

Von hertzen es geliebet mir,
Doch nit gar auss, es thet mir wehe.

Salome.

Ach, ich hab wol truncken mehe.
Kann nichts nachlassen, ja wol.

Seugamm zur edlen Jungfraw.

Wolan, So gilt dirs disen Becher voll.

Erst edle Jungfrauw.

Ach nein, es ist zu vil aber ein freundlichs.

Seugamm.

Wolan, nit anders mein ichs.

Erst edle Jungfrauw.

Wo soll ich nun mit disem hin.
Ich will zu disser Jungfrauw fin.
Sie ist so züchtig wie ein Braud.

Ander edel Jungfraw.

So will ich recht dran setzen dhaudt.
Hab all mein leben lang gehöret dass,
Beim Tisch sich keins halten bass,
Es thue dann auch wie ander leut.

Die drit edle Jungfraw.

Mit der weiss bringt mir niemand neut.
Bin ich der armen Nesen Töchterlin?

Ander edle Jungfraw.

Ir theten niemand bscheid, Jungfraw fin.

Die drit edle Jungfraw.

An dem probieren ligts allein.

Ander edle Jungfraw.

So gilt es euch recht drey paar stein.

Die drit edle Jungfraw.

O we, nit! er schlüg mir gleich in d'beyn,
Aber so vil ich mag, will ich halten.

Die ander edel Jungfraw

Wolan, glücks [!. glück] wils treuwlich walten.

Spricht weiter.

Wie ist das so guter Jungfraw Wein,
Lieber, schenck mir wider ein.

Die drit Jungfraw.

Ein Jungfraw solt fein züchtig sein,
D'Nasen nit so tieff stossen drein.

Die ander Jungfraw.

Nemmend hin disen guten alten,
Ihr trincken ohn das nit gern kalten,
Wie lasst jhr den so lang vor euch stahn.

Die drit Jungfraw.

Will trincken, so kanns vmb har gahn.

Herodes.

Ist niemand da den gelust zu singen,
Oder zu seitenspil, dantzen vnd springen?

Auch ander kurtzweil zu han, ihr Herzen [l. Herren],
Will ichs zulan vnd keins weren
Was euch zu gfallen dienen mag
Vff disen Hochzeitlichen tag,
Es sey mit fechten oder turnieren.
Vnd sunst in freuden jubilieren.
Wer solches vnder eueh thet allen,
Der thet vns ein besonder gefallen.
Es soll euch [l. auch] nit vnbegabet bleiben,
Will jhms zu gutem lohn einschreiben.
Biss es belonet würt zum besten,
Zu ehren mir vnn meiner gästen.

Zwen fechter vom Adell stond vff.

Der Erst.

Gnediger herr, hettens ewer gnaden für gut,
So fechten wir auss freyem frischem mut
Ein gänglin zwey, drey, mit dem schwerd.

Herodes.

Eya, mein hertz nit liebers begert.
Frisch auff vnd nun dapffer dran!

Der ander Fächter.

Wend fechten wies ein yeder kan.
Zum ersten vmb ein griens krentzlin,
Daruff auch thun ein frisches dentzlin

Der erst Fächter.

Wol herr vnd dran?

Der ander Füchter.

Hie kumpt der Man.

Nach dem fechten redt einer.

Gnediger Fürst vnd lieben Herren,
Das gschicht ewren gnaden zu lob vnn ehren,
Wölts also von vns nemen ahn.

Cantzler.

Ihr gnad würts nit vnbelohnet lohn.

Herodias.

Mein liebe Tochter, es ist zeit,
(Wer weiss, glück auch zu vns schreyt)
Das du den handel fahest ahn,
Wie ich dich vnderwisen han.
Stand auff, lug, brauch guten vleiss.

Salome.

Ich hoff, mir werd für all der preiss.
All fleiss vnd renck wil ich nit sparen,
Ade, jetz mals ich von dir thu faren.
Glück sey allzeit vff vnser seiten.

Herodias.

Der vnfall wöll vns nit mehr bstreiten.
Ihr Edlen sollend mit jhr gahn,
Vnd sie in Gspilschafft nit verlan.

Man trometet mit allerley Seytenspiel.

Scena III.

Drei edle Jungfrawen tretten der Tochter nach, redt Herodias mit ihren
selbs vnd spricht.

Herodias.

O glück, nun kumm, eil schnell vnd behend,
Dein hilff vnd Trost vns treülich send.
Dann solt vns fälen dise Schantz,
Wer vnser spil verloren gantz.
Drumb geb dem König recht sinn vnd denck,
Dass er Johannis Haupt vns schenck.

Salome zum König.

Durchleüchter König, Fürst vnd Herr,
Herzlieber Vatter, ich bitt dich sehr,
Mir ewrem Kind erlauben wöll,
Dass ich auch kurtzweil treiben söll,
Ja ewren Gnaden zu ehr vnd zu lob,
Weil andre auch hand than ein prob
Mit jhrem Schimpffspil manigfalt.

Herodes.

Wolan, mein liebs Kind, hab den gwald.
Zu kurtzweile nach deim lieben willen,
Deins hertzen Begird soltu erfüllen.

Salome zum Pfeiffer.

So pfeiff mir auff den Natha Dantz.

Pfeiffer.

Denselben kan ich gut vnd gantz.

Die Jungfraw dantzt allein.

Hoffmeister.

Wolauff, jhr jungen Edelleut,
Gelüstet keinen zu dantzen neut?

Jetzt steht ein junger Edelmen vff zu dantzen, sampt andern vnd spricht
vors Königs Tisch.

Grossmächtigr Köng, Gnädigster Herr,
Wan ewren Gnaden gfällig wer,
Thet ich gern ein hofflichs däntzlin,
Mit Salome der Jungfraw fin.

Herodes.

Wir lassen vns das wolgefallen.

Jung Edelman zur Salome.

Jungfraw Salome, mir geliebt für allen
Mit euch zu dantzen in zucht vnd ehren.

Salome.

Mir auch, will mich dess nit wehren.

Jetzt dantzen sie miteinander vnd nach dem tantzen spricht der König.

Herodes.

Das kan ein gwaltigs Däntzlein sein,
Du aller liebste Tochter mein.

Cantzler.

Ja freilich ist es artlich gesehen, [l. ze sehen?]
Das muss ich bey der warheit jehen,
Dessgleichen hab ich nit vil gesehen
Mit zierd, ich nemm nit was darfür,
Kompt, edle Jungfraw, trinckt mit mir!

Herodias.

Ich hoff, mein sach die werd sich glücken,
Mein Tochter wirt den König verstricken.
Ich siehs jhm an in weiss vnd bärden.

Seugamm.

Ich traw, es soll noch allss gut werden
Vnd gohn nach vnserem anschlag.

Salome bey des Königs Tisch.

Weil es heut ist ein grosser tag
Meim Herzen Vatter ausserwehlt,
Wanns anderm [andern] so wol als mir gefält,
So beger ich noch ein Däntzlin zhan.

Der siebend Edelman

Darzu ist lustig jederman,
Besonder vnser Gnediger Herr,
Dess soll heüt sein die höchste Ehr.

Zum Pfeiffer.

Pfeiff auff ein frischen Dantz dahar,
Wir stohnd sonst müssig jmmerdar.

Jetzt dantzt man zum dritenmal.

Herodes.

Wie gfalt euch das, ihr lieben Gest?
Mich dunckt mein Töchterlin thue das best.
Sie kan den Reyen zimmlich wol.

Fürst.

Billich sie des geniessen soll.
Wir können vns nit wundern gnug,
Das dise Edele Jungfraw klug
So lustig vnd höfflich dantzen kan,
Den Preiss behalt sie für jederman.
Ihr zucht, weiss, wandel, leib vnd gstalt,
Vns treffenlich wol für andern gfalt.
Ja ich darff das für gwüss sageu,
Dass ich bey allen meinen tagen
Kein schöner Weibsbild hab gesehen.
Ja solt man alle aussspehen,
All Königreich in diser Welt.
All Weibsbilder hoch erzelt,
Solts zusammen bringen dahär,
Glaub ich das keine gfunden wer
Die jhr an Schöne möcht gleichen,
Wann sie sich gleich schon aussstrichen.
Sie hatt die siben Schöne an ihr,
Die nit bald an eim weib finden wir.
Das ist gewisslich jetziger zeit,
Drumb würt jhr schone gelobet weit.
Sie ist doch gleich wie Milch vnd bludt,
Wanns einer recht ansehen thut.
Sie solt billich tragen ein Kron,
Zur Zier euwerem Königrich schon.
Solches were jhr ein schön gestalt.
Mit freud werd erwer [l. ewer] gnade alt!

Herodes.

Mein Tochter, wannen kumbstu mit dem?
Wa hastu es gelehrt? sag an, von wem?
Ich hab es vormals nie gesehen von Dir,
Von gantzem Hertzen gefalt es mir,
Dein dantzen, ja dein adelich brangen.

Salome.

Herr Vatter, ich hab es gelert vor langen.
Alss ich noch bey mein Vatter wass,
Dem ewren Bruder, lehrnt ich dass.
Wiewol ich das nit vast vil kan,
So wöllend doch für gut yetz han.

Herodes.

Bey geschwornem eid, ich sag dir das,
Kein ding hatt mir nie gfallen bass.
Seyd du mit deinem dantzen hest
Verehret meine lieben Gest:
So begär nun von mir was du wilt,
Das will ich dir geben ganz milt.

Herodias zur Seugam.

Nun wirt mein Hertz mit freüden gfült.
Ich hoff, den anschlag werd ich gwinnen.

Herodes.

Da darffst dich, Tochter, nit lang besinnen.
Frölich du etwas begeren solt.
Es sey gelt, Silber, oder Gold,
Schwer ich dir bey dem lebendigen Gott mein,
Das soliches soll dein eigen sein
Dann was du wilt, will ich dich geweren.
Wann du schon würdest gross begeren,
Ja auch den halben theyl meines Reichs,
Ich gib dirs gern vnd gilt mir gleich,
So wahr als mein Gott lebt ewiglich.

Salome.

Der grossen gnad vnd miltigkeyt
Danck ich hoch in demütigkeyt.
Beger mich zu bedencken nun ein weil,
Will wider kummen kurtzer eil.

Herodes.

Wolan, der bedanck sey dir erlaubt.

Narr zum König.

Ich mein, der Narr steckt dir im Haupt,
Oder bistu deiner Witzen beraupt?
Ich glaub, du seyest voller Most Wein,
Oder wiltu nimmer König sein
Dass du hinweg schenckst solche Ding?
Lieber, schetz dein Königreich nit so ring.
Gedenck vnd gib dermassen auss,
Dass du kein mngel [l. mangel] habst im Hauss.
Dann ich leb auch noch gern wol im sauss.

Salome zu ihrer Mutter Herodias.

Liebs Mütterlein, hastu auch gehört,
Wie mich der König hatt verehrt
Vnd verheissen vor den Gästen allen?

Herodias.

Ich habs gehört, vnd hatt mir gfallen.
Mein lebtag hört ich lieber nit.
Drumb, liebe Tochter, ich dich bitt,
Dass du mir fleissig losest zu.

Salome.

Wie rathst, liebe Mutter, dass ich thu?
Was soll ich doch nun begeren so sehr?
Was ich heisch, gibt er mir mehr.
Sags mit eim Wort vnd gib flux end.

Herodias.

So gang zum König vnd sag behend,
Dass er Johannis Haupt schencke dir,
Keins andern beger: nun folge mir.
Vnd stand nit ab von diser Bitt.

Salome.

O nein, ich weich daruon kein tritt.
Ich hab wol gedacht vorhin,
Es wurde dir das liebste sein.
Darumb bleib ich lenger nit hie stohn.

Herodias.

Lass, beyt, eil nit so bald daruon.
Nimm dise Platten, merck eben,
Heiss dir Johannis Haupt drein geben.
Bring mir dasselbig vber Tisch!

Salome.

Das will ich thun, bin wol so frisch,
Gfalt mir wol in meines hertzen grund.

Herodias redt mit ihr selbs weil Salome hingeht vnd spricht.

Wol der glückseligen stund,
Die mir vff disen tag zukumpt.
Sie würt mir helffen ab des bösen,
Mich von aller trawrigkeyt erlösen,
In die Johannes mich hat gsteckt,
So oft vnd dick damit erschreckt.
Das würt mir disen tag alles abnemmen.

———

IV.

Die zwei Schlösser Bilstein.

Von

Ed. Ensfelder.

In gleicher Entfernung von Rappoltsweiler und Reichenweier, aber in der Bannmeile des letzteren Städtchens, liegt,
350 Meter über der Meeresfläche, auf einem Bergrücken, der
das Rappoltsweiler Thal beherrscht, die malerische Ruine Bilstein. Der Vogesenklub hat in dem Schutt, der sich angehäuft
hatte, einen bequemen Weg angelegt, und eine Treppe führt
hinauf zum Zwinger. Eine herrliche Aussicht lohnt hier den
Touristen ; Altweier mit dem Bluttberg (Brézouard) im Westen,
im Norden die Berge des Weilerthales, im Osten die Ebene
bis zum Schwarzwald, im Süden die Vogesenrücken bis zum
Gebweiler Belchen.

Eine Burg gleichen Namens findet sich im Weilerthal,
nahe beim Weinberg (Climont), in der Bannmeile von Urbeis.
Ein drittes Bilstein liegt bei Langenbrücken (Basel-Land) am
Fusse des Kallenbergs und bietet eine schöne Aussicht auf den
südlichen Schwarzwald.

Dass dieser Name drei mittelalterlichen Burgen zukommt,
widerlegt die Erklärung, die man für das Reichenweierer Bilstein
gesucht hat ; es soll dort ein wunderthätiges Bild der Maria
gewesen sein, das später in die Kapelle unser l. Frauen zu
Reichenweier verbracht wurde ; davon käme der Name, der
dann ursprünglich Bildstein hiesse. Sachgemässer scheint uns die
Ableitung von Bühl=Hügel, die auch erklärt, warum unsere

Burgen denselben Namen tragen.[1] Wir haben es hier nur mit
den beiden Elsässer Schlössern zu thun, die in der Luftlinie so
nahe bei einander liegen (etwa drei Stunden) und die deshalb
auch oft mit einander verwechselt werden.

Das Reichenweirer Bilstein.

Wann das Schloss erbaut wurde, ist unbekannt; neben
einem Spitzbogen, der auf verhältnismässig jüngere Zeit ver-
weist, sind noch ältere Teile im Rundbogenstil vorhanden. Die
älteste uns bekannte Meldung ist von 1078; in diesem Jahre
hatte Adelbert von Habsburg eine Fehde mit Moyenmoutier,
einem Kloster bei St. Didel; er nahm den Vogt gefangen und
brachte ihn in das Schloss «Bilsistein», wo er ihn festhielt, bis
derselbe ein starkes Lösegeld entrichtete (Gravier, Hist. de
St-Dié, p. 88). Als 1324 die Brüder Walter IV., Burkart II.
von Horburg ihre Ländereien an Ulrich von Württemberg ver-
kauften, kam auch das Schloss in württembergischen Besitz.
Dieser Wechsel der Herrschaft hatte einen Krieg mit Bischof
Berthold von Bucheck (von Strassburg) zur Folge, der Lehens-
rechte auf gewisse Teile der Ländereien geltend machte. Reichenweier wurde von den bischöflichen Söldnern genommen und
geplündert. Herzog Ulrich II. von Württemberg flüchtete sich
auf Bilstein. Sonst aber war das Schloss nicht von der herzog-
lichen Familie bewohnt; es wohnte dort ein Vogt, der die Burg
zu hüten und die Waldungen zu bewachen hatte, und im
Rotbuch von 1505 ist der Eid zu lesen, den dieser Beamte
bei seinem Amtsantritt zu leisten hatte.

«Diss soll der burgvogt uff Bilstein unnd syn Knecht sweren.

Zum ersten das sy alle Tag by schonem tag uff dem Sloss
sollen syn; es solle ouch einer alle tag uff den walt gan den
Walt zu behütten; sy sollen ouch nieman kein holtz geben
noch herlouben (erlauben) oder selber nemen unnd kein Stecken
machen. Er soll ouch alle nacht einer vor mitternacht, der
ander darnach wachen. Es solle ouch keiner me (mehr) denn
einen Tag zu der wuchen (für sich) nemen unnd solle das der
Samstag einer sein; den sollen sy theylen nocheinander. Wenn
inen ein vogtt oder schaffner ir tag verbüttet, sollen sy keinen
tag me nemen; sy sollen ouch nieman uff der Burgk lassen,
ein vogtt oder schaffner heisse es denn oder hab ein gut wortt-

---

[1] Im Wörterbuch der Brüder Grimm wird der auch sonst (u. a.
als Peilstein) vorkommende Name mit *re bile stân* zusammengebracht,
so dass es den Ort bezeichnet, wo das Wild zu Stande gebracht
wird, sich den Hunden widersetzt.

zeichen; sy sollen ouch sweren unnsers gnedigen Herrn schaden
zewarnen unnd zewendend unnd synen nutz zu fürdern, so sy
best mügen. Die knecht sollen ouch swern dem Burgvogtt
gehorsam zu sind ir zyl uss (d. h. bis zu ihrem Ziele, zum
Ende der Dienstzeit). Wystend sy ouch einen krieg oder ge-
brestenn unndereinander, wellerhande der wer (welcherlei der
wäre), das sollent sy einem vogtt oder eim schaffner kunden
unnd sagen, unnd was uff dem huss ist mit dorab (da herab)
zethund, unnd das zu behütten so sy allerbest mogent.»

Nach dem für die Verbündeten unglücklichen Ausgang des
schmalkaldischen Krieges sollten auch die Elsässer Besitzungen
des Hauses Württemberg mit Beschlag belegt werden ; damals,
1547, wurde Schloss Bilstein erfolglos von lothringischen Exeku-
tionstruppen belagert.

Als Graf Friedrich von Württemberg sich 1580 mit einer
Prinzessin von Anhalt vermählte, bestimmte er Reichenweier
und Schloss Bilstein zu ihrem Wittum unter der Bedingung,
dass sie keine Aenderung in der lutherischen Confession der
Bewohner vornehme.

Unsere nächste Nachricht stammt aus dem dreissigjährigen
Kriege ; im Frühjahr 1635 wurde Reichenweier von einem
Lothringer Streifcorps unter Oberst Vernier sechs Wochen lang
belagert und dann mit Accord genommen. In einem alten,
jetzt auf der Stadtbibliothek von Colmar befindlichen Berichte
heisst es: «Der Superintendent Volmar, der 300 Thaler zahlen
sollte, hat sich bei der Nacht an einem Trottseil die Mauer
hinabgelassen ; doch ist er unter die Soldaten' geraten, welche
ihn spoliirt, geschlagen und übel traktiert haben, aber von
ihnen nicht gefangen, hat er sich elend und mit grossem
Kummer in das Schloss Bildstein retiriert.» Auch der Diakonus
Matthäus Piscator scheint sich dorthin geflüchtet zu haben ;
nach dem Sterberegister der Pfarrei starb er dort den 7. Dezember 1635 an der Pest. Der Vogt aber, Claus Flach, war von
Bilstein nach Markirch geflohen ; als er nach kurzer Zeit wieder
auf das Schloss zurück sich begeben wollte, verschwand er
spurlos unterwegs. Das nächste Jahr, 1636, sollte der alten
Feste den Untergang bringen. Der schwedische General Horn
hatte das Heer des kaiserlichen Generals Feria geschlagen, und
eine Abteilung des geschlagenen Heeres zog sich durch das
Rappoltsweiler Thal zurück ; dort wurden sie der Burg hoch
auf dem Berge gewahr. Graf Schlick, der Befehlshaber, nahm
sie durch Handstreich, plünderte und zerstörte sie. Seitdem
blieb sie eine Ruine, ein beliebtes Ausflugsziel für die Kur-
gäste von Altweier wie für die Bewohner von Rappoltsweiler
und Reichenweier.

Das lothringische Bilstein.

Dies Schloss gehörte ursprünglich den Grafen von Dagsburg; allein im Anfange des 13. Jahrhunderts heiratete Diebolt, Herzog von Lothringen (1213—1220), Sohn des Herzogs Friedrich, die Gräfin Gertrude von Dagsburg, und das Schloss wurde ihr als Heiratsgut mit in die Ehe gegeben. Gleich in dieser Zeit diente es als Gefängnis für die Maitresse Mahers (Matthias), des unwürdigen Propstes der Abtei zu St. Didel. Irrtümlich wird hier von vielen das Reichenweierer Bilstein an die Stelle des lothringischen gesetzt. Hier die Veranlassung dieser Gefangenschaft, wie sie Gravier (Hist. de St-Dié, 1836, p. 112 sq.) erzählt. Maher war der Sohn des Herzogs Matthias I. von Lothringen und trat schon als Kind in das Kapitel der Abtei St. Didel ein; 1178 erhielt er eine Präbende, und 1188 wurde er zum Propst (Grand-Prévôt) erhoben; im Jahre 1197 wurde er Bischof von Toul. Infolge seines ärgerlichen Lebens entsetzte ihn das Kapitel von Toul seiner Würde, und er zog sich nun in die Abtei zurück, deren Propst er war. Er liess zwischen den beiden Kirchen ein Haus erbauen und rief dorthin seine natürliche Tochter, die er mit einer Nonne von Epinal gezeugt, und mit welcher er blutschänderischen Umgang pflegte. Sein Neffe Herzog Ferry (Friedrich) liess das Haus abbrechen und verjagte die Dirne. Maher zog sich auf sein Schloss Clermont zurück, wo er mit etlichen gleichgesinnten Kapitularen als Raubritter lebte, während seine Beischläferin auf Bilstein verwahrt wurde. Herzog Ferry belagerte und zerstörte Schloss Clermont; Maher entging ihm und setzte sein räuberisches Wesen fort. Als Renaud, Mahers Nachfolger im Bistume zu Toul, in die Umgegend von St. Didel kam (1215), legte ihm Maher einen Hinterhalt; Renaud wurde getödtet, und Maher warf mit eigener Hand den Leichnam in einen Sumpf. Diebolt, Ferrys Sohn und Nachfolger, rächte den Bischof von Toul, indem er seinen Grossonkel in einem Gefecht mit seinem Spiess niederstach.

Weiterhin erscheint des Schlosses Name nach der Schlacht von Nanzig (1477), in welcher die verbündeten Schweizer, Elsässer und Lothringer Herzog Karl den Kühnen von Burgund überwanden. Ritter Marx nahm in dem Handgemenge den Grafen von Nassau, [1] den Schwager des Markgrafen von Baden,

---

[1] In der Strassburger Archivchronik (Code hist. et dipl. de la ville de Strassb. T. I p. 203) wird Herr von Brettau genannt: «Der Herr von Brettau, hatt Margraff Carles von Baden schwester, der

gefangen, führte ihn in das Schloss Bilstein, wo er fünfzehn
Wochen im Verliess gehalten wurde, bis er mit 50,000 Gulden
sich löste. Ritter Marx aber nahm ein trauriges Ende; er kam
in Streit mit Wilsperger, dem bischöflichen Vogt zu Zabern,
der ihm beide Hände abhauen liess, aus Hohn auf das Wappen
des Marx, das zwei abgehauene Hände zeigt. Der sterbende
Ritter forderte den Vogt vor Gottes Gericht, und dieser fiel auf
der Stelle tot nieder.

Weitere Nachrichten über die Burg im Weilerthal sind uns
nicht bekannt, selbst nicht die Zeit und Veranlassung ihrer
Zerstörung.

ward geholt mit gewalt zu Bilstein und lag mehr dan 15 Wochen
in dem Thurm und ward geschetzt mehr dan 50.000 gulden, ohn die
Atzung.»

V.

,Das Vaterunser

so im Elsass anno 1610 ist gebetet worden

von den Bauern.'

Mitgeteilt von

Alcuin Hollaender.

Als im Jahre 1609 Johann Wilhelm, der letzte Herzog
von Jülich, Kleve und Berg starb, erhoben der Kurfürst Johann
Sigismund von Brandenburg und der Pfalzgraf Wolfgang Wilhelm
von Neuburg Ansprüche auf die Erbschaft. Während aber die
beiden Fürsten sich dahin einigten, bis zur Entscheidung der
Rechtsfrage die Lande gemeinsam zu verwalten, beauftragte Kaiser
Rudolf seinen Vetter Leopold, den Administrator des Bistums
Strassburg, dieselben in Sequester zu nehmen. Als letzterer
sich durch Verrat in den Besitz von Jülich gesetzt hatte,
rüsteten sich Liga und Union zum Kampfe. Das im Elsass
Frühjahr 1610 für Leopold angeworbene Kriegsvolk fiel, wie
Strobel, Vaterländische Geschichte des Elsasses 4, 232 erzählt,
den Landleuten, bei denen es einquartiert war, durch viel-
fachen Mutwillen und grosse Begehrlichkeit äusserst lästig. Da
die Bischöflichen es auf das dem Herzoge von Württemberg
verpfändete Amt Oberkirch und die obere Markgrafschaft Baden
abgesehen haben sollten, sandten die beiden hierbei interes-
sierten Fürsten ebenfalls Truppen ins Elsass. Es kam hier zu
einer Reihe von Scharmützeln, und das Land hatte unter den

Verwüstungen und Plünderungen der Soldaten arg zu leiden.
In jener Zeit entstand das folgende im Strassburger Stadtarchiv
aufbewahrte « Vaterunser » :

«Der beeden Fürsten Volk in das Elsass ist komen,
Was die Leopoltschen verlassen, das haben sie ge-
nommen
Und Gebeeten, wie zu sehen an diesem Vaterunser
Haben doch nit viel darmit ussgericht etwas be-
sonder. —

Wenn der Soldat zum Bauern ist gangen hein
So hat er ihn mit unfreundlichen Worten ge-
grüsset fein: Vater
Danket im darneben zu diser frist:
Bauer was du hast, alles ist   Unser
Hirgegen danket im der Bauer:
Der Teufel führ dich hin, du Laur [1]   Der du bist
Seye gewiss, dass der dich noch strafen wird
Der Herr, der oben auf regiert   im Himmel
Ich glaub nit, das man einen find
Der uns disem verfluchten Gesind   geheiligt werde
Ach Gott, kein Volk lebt uf Erd
Von welchem mehr gelästert werd   dein Name
Ihr nechstes Wort ist jedesmol
Was der Bauer hat, dasselbige soll   zukomme uns
Ach, lieber Herr, wenn sie nur künden,
Zu blündern sie sich understünden   dein Reich
So du sie alle werdest erschlagen
So, so würd der Bauer dan sagen: dein Wille geschehe
Wann wir quitt würden dieser Pein
So würd den armen Bauern sein   wie im Himmel
Ich weiss nit, wo das Gesind hiengehört
Im Himmel zu sein, sind sies nit werd also auch uf Erden
Sie nemen uns Gut und Hab
Und schneiden uns vor dem Maul ab unser täglich Brot
Dass wir alle in dieser Nacht
Erschlagen möchten mit unserer Macht gieb uns heut
Wir haben des gleichwohl Verschulden
Doch nimb uns wider auf zu Hulden und vergieb uns
Dan diser Leut wir nit thun lachen
Sintemahl sie nur thun grösser machen unser Schulden
Auch thun sie grossen Mutwill treiben
Und wöllen ligen bey unseren Weibern als auch wir
Was nur sehen die Augen ihr
Müssen wir alles umbsonst schier   vergeben
Niemand bleibt nichts. darumb wir
Müssen bezahlen die Schulden ihr unsern Schuldigern

---

[1] Der Laner: schlauer, hinterlistiger Mensch.

8

Keiner kann brauchen die Rosse sein
Ohn Unterlass heisst es : Bauer spann ein   und führe uns
Im Haus ist allen Tag gut prassen
Gar oft uns selber in die Stuben lassen   nicht in
Welches uns schmerzlich ins Herz thut dringen
Und manchen Bauern oft thut bringen   Versuchung
Auch alle die solch böss Thun treiben
Die lass Herr Gott bey uns nit bleiben   sondern erlöse
Die fromen Bauern verfahe gesund
Und behüt sie zu aller Stund   vor allem Uebel.
           Amen.

(Aehnliche Gebetparodien begegnen im dreissigjährigen Krieg : s. Wackernagels Litteraturgeschichte § 118, 1 ; und noch näher anklingend ein Bauernvaterunser aus Mecklenburg, auf die Kämpfe gegen Napoleon bezüglich, welches in Prutz, Deutsches Museum, 1855, 2, 769 angeführt wird :

> Der Franzos der tritt ins Haus hinein
> Und spricht zum Hauswirt in falschem Schein :   Vater,
> Alles, was nun vormals war dein,
> Das soll und muss nunmehr sein   Unser.

Dazu wird verwiesen auf Schwäbische Volkslieder von Ernst Meier.   E. M.)

VI.

Gedichte

von

Adolf Stöber.

I. Marie Antoinette in Strassburg.[1]

Mai 1770.

1. Empfang auf der Rheininsel.

Was strömt bei hellem Festgeläut
Das Volk aus Strassburgs Mauern heut
Hinaus ans Rheingestade?
Es kommt aus fernem Oesterreich
Ein Gast an Jugendschöne reich,
Voll königlicher Gnade.

Es ist Theresias[2] Tochter traut,
Des Frankendauphin[3] holde Braut,
Maria Antoinette.
Sie zu empfangen, sind gesandt
Pariser, hoch im Adelstand,
Mit Stern und Ordenskette.

---

[1] Das 100jährige Jubiläum der französischen Revolution legt eben jetzt auch die Erinnerung an die unglückliche Königin nahe, deren Brautfahrt hier auf Grund zweier Berichte von Augenzeugen geschildert wird, nämlich von Goethe (Wahrheit und Dichtung, Th. 2. Buch 9) und von Friedrich V., Landgrafen von Hessen-Homburg. — Ihr Brustbild, «von hoher Schönheit», nach kunstrichterlichem Urteil, findet sich eben jetzt, unter andern Bildern aus der französischen Revolutionsgeschichte, im grossen Louvre-Saal ausgestellt.

[2] Kaiserin Maria Theresia.

[3] Nachmals (seit 1774) König Ludwig XVI.

Bis Strassburg gab noch Oesterreich
Der Kaiserstochter, abschiedsweich,
Ein liebevoll Geleite.
Zusammentrifft nun hier am Rhein
Paris' und Wiens Gesandtschaft ein,
Der hohen Braut zur Seite.

Aus grünem Inselwäldchen schaut
Ein stattlich Lustschloss, neuerbaut,
Die Fürstin zu empfangen.
Ihr weht entgegen vom Balkon
Die weisse Fahne, dran die Kron'
Und goldne Lilien prangen.

Musik und Hochruf schallt voran,
Es steigt die Ehrentrepp' hinan
Die Braut mit ihren Damen.
Ihr steht bereit ein festlich Mahl
Im reichen Thron- und Speisesaal,
Den Bilder bunt umrahmen.

Paris hat Gobelins gesandt,
Die zieren rings der Halle Wand,
Die prächtigen Tapeten.
Manch heilig Bild ist lichtumstrahlt,
Wie Raphael es vorgemalt,[1]
Vors Auge hier getreten.

Doch sieh — welch grauenhaftes Bild
Hängt überm Thronsitz, schaurigwild!
Kreusas Hochzeitswehen,
Medeas Kindermord, der Fluch,
Der folgt auf Jasons Treuebruch —
Die traurigste der Ehen!

Wer traf doch solchen Bildes Wahl,
Der armen Braut zu banger Qual,
Gar böse Ahnung weckend?
Wie schlich sich, trotz dem Festlichtschein,
Doch dies Gespensterbild herein,
Mit blut'ger Zukunft schreckend?

Betroffen seufzt die Fürstin auf:
«Was steht mir für ein Leidenslauf
Bevor in diesem Reiche?»
Trostsuchend blickt sie schweigend hin
Auf ihre Schwesternschaar aus Wien,
Dass ihre Furcht doch weiche.

---

[1] Ein Teil jener gewirkten Teppiche stellte biblische Bilder nach
Raphaels Cartons dar.

Mit Huldigung kommt ihr zuvor
Paris in seinem Adelsflor,
Bringt Gaben, Sträusse, Kränze.
Da heitert sich ihr Angesicht,
Dass wieder hell ihr Augenlicht,
Ihr Hoffnungsstern erglänze.

2. Einzug in die Stadt.

Die Nacht verging, der Morgen graut,
Nach kurzem Schlaf erhebt die Braut
In vollem Schmuck sich wieder.
Und mit ihr feiert die Natur,
Des Maies blütenreiche Flur,
Der Nachtigallen Lieder.

Von grüner Inseltrift am Rhein
Ergeht die Brautfahrt nun landein
Mit festlichem Gepränge.
In Strassburg hält sie Einzug heut —
Hört ihr vom Münster das Geläut
Und aller Glocken Klänge?

Hört ihr vom Citadellenwall
Den donnernden Kanonenschall
Aus hundert ehrnen Schlünden?
Der künftigen Königin geweiht,
Soll er dem Volke meilenweit
Ihr Kommen froh verkünden.

Sie naht der Stadt, dem Mezgerthor ...
Doch nein! der Magistrat erkor
Ihm einen neuen Namen:
«Dauphinethor» so heisst's fortan,
Als Ehrenpforte aufgethan
Der höchsten unsrer Damen.

Am Thor, in vollem Amtsornat,
Begrüsset sie der Magistrat
Mit warmen Huldigungen.
Im offnen Wagen, reich bespannt,
Fährt sie einher, vom Volk erkannt,
Dess Hochruf weit erklungen.

In allen Strassen — welche Meng',
In allen Häusern — welch Gedräng,
Ihr Angesicht zu schauen!
Aus allen Fenstern bis zum Dach —
Wie freundlich winken tausendfach
Mit weissem Tuch die Frauen!

Die Tochter Deutschlands, gestern bang,
Ist heut beruhigt beim Empfang,
Den Strassburg ihr bereitet,
Wo auch die Hochschul deutsch noch lehrt,
Wo Goethe lernend eingekehrt,
Von Herders Hand geleitet.

So atmet Josephs[1] Schwester auch
Noch hier des deutschen Geistes Hauch,
Noch nicht in fremder Sphäre.
Drum fasst sie wieder frischen Mut,
Und bald besiegt ihr junges Blut
Des Heimwehs bittre Zähre.

In langsam feierlicher Art
Erging zwei Stunden lang die Fahrt
Bei stetem Glockenschallen.
Nun winkt das Ziel: dem hohen Gast
Erschliesst des Bischofs Prunkpalast
Die schönsten seiner Hallen.

Am Eingang, am bekränzten Thor
Stellt sich ein Musikantenchor
Und spielt die reinsten Klänge.
Und zwischen zwei Soldatenreihn
Rückt in den weiten Schlosshof ein
Des Festzugs bunte Menge.

Voran ziehn mit gezücktem Schwert
Die Leibgardisten hoch zu Pferd,
Dann vieler Wagen Kette;
Hofherrn und Damen reich geschmückt,
Zuletzt, die alle Welt entzückt —
Maria Antoinette.

‹Hoch lebe, hoch des Dauphins Braut!›
So schallt aus tausend Kehlen laut
Ein Jubel, der nicht endet,
Bis auch das letzte Reiterkorps,
Die Schweizergarde, hinterm Thor
Abschliessend sich gewendet.

3. Festlichkeiten.

Der Braut und ihrem Hofgeleit
Zu würzen auch die Abendzeit,
Will Strassburg gern ihr dienen.
Kaum trat sie vor auf dem Balkon,
So ist zu einem Schauspiel schon
Die Küferzunft erschienen.

---

[1] Kaiser Joseph II.

Sie fuhren auf zur Schlossterrass
In Wagen mit bekränztem Fass,
Mit Schlegeln und mit Reifen.
Altdeutsch ist ihre zünft'ge Tracht,
Ein weiss Gewand, umsäumt mit Pracht,
Mit blau'n und roten Schleifen.

Nun sieh: auf einen Reif gestellt
Wird flink ein Glas, das doch nicht füllt,
Obwohl den Reif sie schwingen.
Wie kunstvoll ist der Küfertanz!
Wie mag doch, frägt man staunend ganz,
Solch Zauberstück gelingen?

Und Beifall spendet vom Balkon
Die hohe Braut mit holdem Ton
Den wackern Zunftgenossen.
Und horch, das Illgestad entlang
Hat Beifallsbrausen sich noch lang
Von Mund zu Mund ergossen.

Nach so gelungnem Meisterstück
Zieht froh die Küferschar zurück,
Wie im Triumpheswagen.
Der Dauphine aber harrt sofort
Ein andres Abendschauspiel dort,
Wo Komus' Hallen ragen.

Dort in dem hochgewölbten Saal,
Wo hundertfacher Leuchterstrahl
Die Nächte macht zu Tagen,
Empfängt die Loge, schmuck und weit,
Die Fürstin und ihr Hofgeleit,
Lässt ihr den Thronsitz ragen.

Zu ihrer linken Hand sich reihn
Die deutschen Herrn und Damen fein,
Wohin sie gern sich neiget;
Indess zur Rechten sich geschart
Die von Paris, so fremder Art,
Dass scheu Maria schweiget.

Das Lustspiel auch, das Possenspiel
In Frankreichs Sprach und leichtem Stil
Mag nicht der Braut behagen;
Bald schaut sie traurig vor sich hin,
Bald zwingt sie sich, zu wachem Sinn
Die Augen aufzuschlagen.

Ihr Blick erst dann sich wieder hellt,
Da aus das Spiel, der Vorhang fällt,
Der Müden winkt nun Friede.

Doch schaut sie gern im Lämpchenglanz
Beim Heimgang noch erleuchtet ganz
Die Münsterpyramide.

Da strahlt ihr ja die Herrlichkeit
Der alten deutschen Reichsstadtzeit
Anheimelnd noch entgegen.
Das Fest zu krönen, sprüht empor
Ein Feuerwerk zum Sternenchor
Und sinkt als Sternenregen.

So schliesst die Braut in Frankreichs Schoss
Den zweiten Tag; ach, welch ein Los
Wird ihr die Zukunft bringen?
Wohl Freude, doch gemischt mit Leid,
Ein Thränlein fliesst aufs Brautgeschmeid —
Herr, hilf! lass wohl gelingen!

4. Abfahrt nach Paris.

Die Abschiedsstunde kommt heran.
Der bräutlich holden Fürstin nahn
Alsatiens Ritterkreise.
Sie wünschen dem erlauchten Gast
Im fürstbischöflichen Palast
Von Herzen beste Reise.

Herrn Franz, den tapfern General,
Den Herrn von Wangen, traf die Wahl,
Das Abschiedswort zu führen.
Mit kurzem Spruch, doch voll Gefühl,
Weiss er, der stand im Schlachtgewühl,
Die Braut zum Dank zu rühren.

Sie folgen ihr zum frommen Gang,
Zum nahen Dom, dess Glockenklang
Zum Hochamt eben ladet.
Nicht anders mag die Königin
Zur schweren Reise ziehen hin.
Als neu von Gott begnadet.

Da weht sie an ein frommer Geist,
Der sich im Steingebild erweist,
Beseelt von Erwins Sinne.
Von ihm ist hier, in Stein gehaun.
Ein biblisch Bilderbuch zu schaun,
Erhaben bis zur Zinne.

Drei Reiterbilder [1] am Portal!
Wer ist der Dritte in der Zahl

---

[1] Chlodwig I., Dagobert II. und Rudolf v. Habsburg; als vierter
kam Ludwig XIV. erst 1828 hinzu.

Mit Krone, Schwert und Schilde?
Dein Rudolf ist's, Dein tapfrer Ahn,
O Habsburgs Tochter, schau hinan
Zu seinem Heldenbilde!

Von seinem Geist umweht, tritt ein
Zum Dom, bei buntem Dämmerschein,
Tritt in die heil'gen Hallen,
Wo Dir zu würdigem Empfang,
Im Hermelinkleid, mit Gesang,
Domherrn entgegenwallen.

Das Hochamt feiert am Altar
Der Fürstbischof im Festtalar,
Von Rohans edlem Hause.[1]
Und horch! Musik — wie schön klingt sie,
Bald donnernd, wie am Sinaï,
Bald liebliches Gesause! —

Nun aber mahnt der Stundenschlag
Die Fürstin an den Abschiedstag;
Mit Wehmut sieht sie scheiden
Die Wiener in die Heimat fern;
Nun sind's allein Pariser Herrn,
Die sie ans Ziel geleiten.

Und wieder dröhnt vom Festungswall
Der donnernden Kanonen Schall,
Und alle Glocken läuten.
Bis an des Stadtbanns Grenze weit
Giebt ihr der Oberst das Geleit
Mit seinen Edelleuten.[2]

Nun lebe wohl, du Münsterstadt,
Die noch ihr deutsch Gepräge hat,
Du Land an den Vogesen!
Nun geht es erst der Fremde zu;
O Braut, Dir bangte, könntest Du
Im Buch der Zukunft lesen!

5. Schreckenskunde aus Paris.

Ganz Strassburg harrt auf Post und Brief,
Wie in der Hauptstadt sich verlief
Das Fest der Dauphinsehe.
Wohl war voll Jubels der Empfang,
Doch schlug er um so schaurig bang —
O Hiobspost voll Wehe!

---

[1] Cardinal Prinz Ludwig von Rohan.
[2] Der Stadtoberst mit der Nobelgarde.

Mit tausendfachem Freudenlaut
Begrüsst Paris die hohe Braut,
Der Dauphin selbst vor allen.
Ihr fürstlich edles Angesicht,
Ihr treues blaues Angenlicht
Weckt innigst Wohlgefallen.

Kanonendonner grüsst vom Wall,
Von allen Türmen Glockenschall,
Und Feuerwerke sprühen.
Das Abenddunkel weicht dem Schein
Der Lämpchen, die in bunten Reihn
Vor allen Fenstern glühen.

Da wälzt sich durch die Riesenstadt,
Die Pracht zu schaun, was Füsse hat,
Ein zahllos Volksgemenge.
Und horch, o welche Schreckenskund
Verbreitet sich von Mund zu Mund,
Vergällt das Lustgepränge?

In enger Strasse eingeklemmt,
Wo Baugerüst den Durchgang hemmt —
O Wehgeschrei ohn' Ende!
Zerdrückt, zertreten in den Staub
Fällt Jung und Alt dem Tod zum Raub —
O grause Schicksalswende!

Verhängnisvoller Hochzeitstag,
Dess Jubel sich mit e i n e m Schlag
Verkehrt in Todesklagen!
Noch Schlimmres harrt Dein, arme Braut!
Gottlob, dass Dir's noch nicht vertraut
In Deinen Flittertagen.

Dir werden zwei Jahrzehnte kaum
Im Glück verfliessen wie ein Traum,
Dann wird das Blatt sich wenden,
Da sich das Frankenvolk empört,
Dir und dem König Rache schwört,
Und blutig wird es enden.

Ihr schmachtet lang in Kerkerhaft,
Bis euern Kopf das Fallbeil rafft,
Dem Pöbel wirft zu Füssen.
So wird die Weissagung zur That:
Dein Ludwig muss die Missethat
Der Väter mit Dir büssen.

Gedenk' an das Tapetenbild,
Das Dich als Braut im Rheingefild
Erschreckt als böser Schatte :
Kreusa — die bist leider Du!
Medea-Gallia treibt's dazu,
Wie Jason stirbt dein Gatte!

Ach, so macht hier ein grauser Fluch
Zum Spott den alten heitern Spruch
Von Oestreichs Heiratsglücke![1]
Ach, in dem Land der Bluthochzeit
Dräut unter Rosen dem, der freit,
Nicht selten Schlangentücke!

II. Wie es um Neujahr schneit, auch wenn's nicht schneit.

(Strassburger Mundart.)

Wie sunderbar isch doch der Winter diss Johr!
Nurr einmol e bissel het's gschneit;
Unn doch sinn mer schun üwwer d'Wihnachte vor
Unn 's Johr het sich widder erneut.

E Christkindelsmärkt ohne Schimmer von Schnee,
's Neujohr ohne schneewisses Kleid —
Ach! sifze do d'Kinder unn klaauen: o weh!
Au grosse Lit, Eltren isch's leid.

Do fallt jo ins Wasser der Schneeballe-Jux,
Wo d'Buewewelt sich bumbardiert.
Do hört mer kein Schlachtgschrei, kein Hurrahgejuchz,
Wie sunst, wenn der Find retiriert.

Kein Spassvöjel bringt jetz e Schneemann ze Stand,
E Zwergbild mit riesiger Nas,
Der droht mit dem Hewel in sinere Hand,
Mit funkligen Aue von Glas.

Ach, niemand lauft Schlittschueh, wil gfrore kein See,
Kein Baum isch mit Silwerduft bhängt.
Kein Schlitte kommt gfahre durchs Feld ohne Schnee,
Kein Pferd kommt mit Schelleklang gsprengt.

O trüriger Winter, wenn wit unn breit
Nurr Newel uff Berri unn Thal!
O trüris Neujohr, wenn es gar nit schneit
Unn 's Land isch so öd unn so kahl! —

---

[1] Tu felix Austria, nube.

Was saauen er? bsinne euch besser, ihr Lit!
Isch wirkli 's Neujohr ohne Schnee?
Ei, sehn er's nit schneie? es schneit jo schon hit,
Unn morjen unn später kommt meh.

Es schneit jo ins Hüs, bis in d' Stuwwen erin —
E Schneefall, der d'Flocke nit spart;
Mer möcht ne verwünschen ins Pfefferland hin,
Er isch nit von lustiger Art.

Ha, merken er's? Konto schneit's üwwergenue,
Vom Schlosser, vom Schriener, vom Schmied;
Buechhändler, Tuechhändler unn Schnieder derzue,
Beck, Metzjer, Wirth, — alles hilft mit.

Na, Handwerk unu Handel will au sine Lohn,
Se genn mer, was billi unn recht:
Doch heischt noch en anderi Profession
Neujohrsgeld — e bettelhaft Gschlecht.

Jo, d' Zit isch jetzt do, wo's au Bettelbrief schneit,
Drinn steht von der bitterste Noth.
«Mit siwwe lewendige Kinderle schreit
E Wittfrau nooch täglichem Brot.»

Isch's Wohret, se denk an der Bruederlieb Gsetz,
De Wittwen unn Waise reich d' Hand:
Oft awwer sinn d'Bettelbrief Luejegeschwätz,
Drum uffgepasst, gieb mit Verstand!

Schnapsbrüeder gehn um hit, der Alt unn sin Bue,
Zuem Trunk nurr bettelt diss Korps.
Sie renne hit ihrem Verderwe zue,
So blind wie im vorige Johr.

Gott besser's! zuem Heil fürr Jung unn Alt
Lenk Er unsre künftige Lauf.
Unn trüebt sich der Himmel, so nemme mer halt
Au Schneegstöwer mit in de Kauf.

Jungs Völkel! dir wünsch i zum Wintergenuss
En Isbahn unn wuchelang Schnee.
Do fahren er üewwer de gfrorene Fluss
Unn singen im Schlitte Juccheh!

Gott bhüet euch, dass keins im en Isloch versiukt,
Er schütz euch vor allerhand Gfohr.
Bis uff euerm Scheitel der Alterschnee blinkt
Im achtzigste, hundertste Johr!

III. Der Nussbäume Klagelied.

Ach wie d'Kriejsfurcht sich verbreitet,
Wie sich d'Welt zuem Kampf bereitet —
Wie viel Opfer kostet das!
Au mir armi Nussbäum müesse
Schwer diss Waffefiewer büesse
Unn de blinde Völkerhass.

Ländli still isch unser Lewe,
Isch dem Fridde ganz ergewe,
Andre wohlzethuen bereit.
D'Vöjel lon mer lusti singe
Unn durch unser Laubwerk springe,
Wo im Nest ihr Bruet gedeiht.

Menschekinder zen erfreue,
Lon mer Nusse sich verstreue,
Zuem Genuss unn Spiel, im Gras.
Unser Grundherr losst sich presse
Köstlis Nussöl, vollgemesse
Wurd manch Krüejel, manches Glas.

Wenn in schwüeler Summersmitte
Gras gemäjt wurd, Weize gschnitte,
Unn dem Gsind wurd's gar ze heiss —
O wie wohl thuet uff de Matte
Unser breiter kuehler Schatte,
Wo mer's Brod isst, frei vom Schweiss

. Unn wenn d'Muetterlieb, im Winter,
Christbäum rüst fürr ihre Kinder
Unn mit Obst unn Nusse ziert —
Wer — mer saaue's nit mit Prable —
Wer isch's, der in goldne Schale
Sie mit Nusskern regaliert?

Sehn, wie mir uns treu bemüeje
Euch zuem Nutsen unn Vergnüeje,
Johr um Johr, ihr liewi Lit!
Drum au thuen mer wohl verdiene,
Dass der Mensch uns froh losst grüene.
Bis uns Gott den Abschied git.

Awwer zither e paar Johre
Hen sich widder uns verschwore
Büre, die vor Goldgier blind,
Fällen uns mit Axt unn Säje,
Laden unsri Stämm uff Wäje,
Unn do geht's in d'Fremde gschwind.

Trüri sehn mer's unn verwundert :
Unsrer küm noch zehn vom Hundert
Bliwe stehn im wite Feld . . .
Ach, Soldate sinn halt kumme,
Hen de Büren abgenomme
D'schönste Bäum um schweres Geld.

Weshalb het's d'Armee errunge?
Nussbaumholz, so festgedrunge,
Isch zue Flinteschäfte guet ;
Unn die brücht mer ze Millione,
Wil dem Sieger Legione
Grolle mit verbissner Wueth.

Armi Lit! o laie nidder
Eure Hass! als Brüeder widder
Gehn mitnander Hand in Hand.
Uns aus losse friddli lewe,
Fröhli greüne, Früchte gewe
Euch ze guet unn unserm Land.

Merk, Soldat! unn merke's, Büre!
Kriej bringt Tod de Kreatüre,
Fridde nurr macht's Lewe froh.
Fridden isch e goldner Brunne,
Labt Mensch, Thier und Pflanz, wie d'Sunne.
Wie im Paradies isch's do !

VII.

Münsterthäler Anekdoten.

(Mundart des Dorfes Sulzern.)

Mitgeteilt von

J. Spieser.

Zu dem im vorigen Jahrgang Seite 72 Gesagten sei hier noch folgendes bemerkt. Auch die hier veröffentlichten Anekdoten wurden im Grossthale gesammelt; sie erscheinen nur in der Sulzerer Mundart, um auch diesen Zweig des Münsterthäler Dialekts zu seinem Rechte kommen zu lassen.

Die Sulzerer Mundart hat mit derjenigen von Mühlbach die Ersatzdiphthongierung, [1] die Ersatzdehnung, [2] die Verwandlung von n d in n g (η)[3] sowie die Eigenschaft gemein, dass sie nur zwischen lχ, rχ und nχ, nicht aber auch zwischen l k und r k ein i einschiebt. [4] Sie unterscheidet sich von ihr

---

[1] Z. B. Hàil «Halde» (Flurnamen), wùin Wunde, eim (mhd. imbe) Biene; vgl. Mankel, Laut- und Flexionslehre der MA. des Münsterthales. Strassburg 1886. Seite 38.

[2] Z. B. ñsəl Achsel, tàsəl (mhd dëhsel) Queraxt; vgl. Mankel, Seite 37.

[3] Z. B. haη Hand; vgl. Mankel, S. 36.

[4] Z. B. kheliχ Kirche, khàriχ Karren, meniχ (Mühlb. mäniχ) Mönch; aber: folk Volk, štàrk stark (in Münster: folik, štàrik u. s. w.); vgl. Mankel, S. 27.

namentlich durch den Verlust der Nasalierung,[1] infolgedessen zahlreiche gleichlautende Wörter entstehen. So heisst z. B. lät «Land» und «Lade», käs «Gans» und «Gas», ràsə «grunzen» (Mühlb.: rà̤sə) und «rasen», kheit «Kind» und «gefallen, geworfen», sei «sind» und «sei» u. s. w.

Die Konsonanten stimmen mit denjenigen der Mühlbacher MA. überein, nur dass vor der Endsilbe əl k (g) nach kurzen Vokalen [2] meist in i übergeht. Z. B. feil (M. fekəl) Feile, foil (M. fokəl) Vogel, khäil (M. khèkəl) Kegel, khùil (M. khùkəl) Kugel, nàil (M. nàkəl) Nagel u. s. w.; vgl. auch aiərśloik (M. akərśtoik) Hühnerauge, feilàt (M. feklàt) Veilchen; jedoch ekəl Igel, praklə in Fett braten, śteklik (M. śtekəl) steil u. a.

Das Verhältnis der Vokale und Diphthonge der beiden Mundarten wird — seltene Ausnahmen vorbehalten [3] — durch nachfolgendes Schema veranschaulicht :

M	S	M	S	M	S	M	S
i	i	i, į	i	ie, iè	ie	éi	éi
e, ä	e	é, á̤	è	ei, ə̃į	ei	èi	ái
è	è	á	é, è	èi	äi	äi	ái
a	a	è	è	į, ai, ə̃į	ai		
â	à	á, į́	ú	äi	äi		
o	o	á, ą, ą̃į	å	oi	oi		
ù	ù	ó	ó	ùi, ų̀į	ùi		
y	y	ù, ų	ù	vù	yə		
ə	ə	ý	ý	vo	ùwə		

---

[1] In ähnlicher Weise hört man zuweilen manche Elsässer die französischen Nasale behandeln; z. B. «såk fwa såk fù wåt-såk» für «cinq fois cinq font vingt-cinq» oder «Hâri śât pjä» für «Henri chante bien».

[2] Nach langen Vokalen und Diphthongen wird das g (k) in beiden Mundarten gleichmässig behandelt, z. B. sáiə sügen, Segen (auch säen); nåi (M. néi) nein; aber flikə fliegen; kèkə gegen; wåkə Wagen jákər Jäger; plók Pluge; kriek Krieg; M. lyùkə, S. lyəkə schauen. (In Münster: fleäiə, kåiə, wùiə, jáiər, plói, kreäi, lyäiə).

[3] Dieselben werden in den nachfolgenden Dialektproben jedesmal besonders angemerkt werden. Mit der Mühlbacher Mundart ist die von Sulzern hier verglichen worden, weil erstere durch Mankel eine wissenschaftliche Darstellung erhalten hat. — Zur Orthographie vgl. die Anmerkung auf S. 73 des vorigen Jahrgangs.

Schliesslich bittet der Herausgeber noch um Nachsicht, wenn einige der nachfolgenden Anekdoten, namentlich in der beigegebenen Uebersetzung, etwas derb klingen. Es hiesse den Volksgeist falsch darstellen, wollte man alles entfernen, was den Geschmack der modernen Bildung verletzen könnte. Die Uebersetzung ist übrigens nur als Kommentar beigegeben, nicht etwa um selbständig gelesen zu werden. Darum wurde auch mehr auf getreue Wiedergabe des mundartlichen als auf Vollendung des hochdeutschen Ausdrucks gesehen.

28.

«È, è, Leias, wúrùm hèš het ti štreipf lats á?» hèt əmùwəl a myətər tə piewlə kfrókt;[1] tərnùwə hèt ər ksāit: «è, ùf lər âtər sit hai sə lèχər.»

«Ei, ei, Elias, warum hast du heute die Strümpfe verkehrt an?» fragte einmal eine Mutter ihren Jungen; darauf sagte er: «Ei, auf der andern Seite haben sie Löcher.»

29.

«O jèrəkot, we eš toχ ti walt so wit!» hèt salər Sùtərnàr ksäit, wù-n-ər ùf ti Èlmprùk khùmə eš for à Meištər.

«Ach Gott, wie ist doch die Welt so weit!» sagte jener Mann aus Sondernach, als er auf die Elmbrücke kam unterhalb (vor) Münster.

30.

«Sal liekt mi, misiel, niemə mie â, às äinə[2] s isəpàn fârə wèlflər khùmt, we' mər rètÿrpiljè nemt. iχ pe kemtik ùf Kholmər ksé ùn hâ nys ù ri äis kənùmə, ùn s hèt mi ùf tie àrt fil mier khošt às sùs.»

«Damit lügt mich, mein' Seel', niemand mehr an, dass einem die Eisenbahnfahrt billiger zu stehen kommt, wenn man Retourbillets nimmt. Ich war letzthin in Colmar und nahm hin und zurück («hinaus und herein») eins, und es kostete mir so viel mehr als sonst.»

31.

«Tər Nàpóliùm eš kəwes[3] ùχkənátik riχ.» — «è, hèt ər ten mier às hùtərt khéi?»

«Man sagt, Napoleon sei ausserordentlich reich.» — «Ei, hat er denn mehr als 100 Kühe?»

---

[1] in M. kfryokt.

[2] Accusativ; in Münster lautet auch der Dativ zuweilen so.

[3] Das Wort «kəwes» bedeutet, tonlos gesprochen, «wie man sagt»; betont dagegen «gewiss, sicherlich»; ist also hier tonlos zu lesen.

32.

«Tẏ hirûwats̆ âwɔr potsilɔ, | «Du heiratest aber frühzeitig,
Ànɔmeiɔlɔ,» hėt ɔmûwɔl ti froi | Anna-Mariechen,» sagte einmal
pfärɔrɔ tsû mɔ mäitlɔ ksäit, | die Frau Pfarrer zu einem
wû met sewɔtsè jûwɔr hóχtsit | Mädchen, das sich mit 17 Jahren
khä hėt. — «ja, wesɔ-n-ɔr, | verheiratete. «Ja wissen Sie,
froi pfärɔrɔ,» hėt s ksäit, «i | Frau Pfarrer,» antwortete sie,
mieχ nà net hóχtsit, wen s ûf | «ich würde mich noch nicht
miχ äkhäm, àwɔr s es̆ hält o | verheiraten, wenn es auf mich
só, ûsɔr lit wai s hä, sɔ pryχɔ | ankäme, aber es ist halt auch
kâr nûwɔtwainik èpɔr fer tsûm | so, meine Eltern wollen es
fë.» | haben, sie brauchen gar not-
. | wendig jemand zum Vieh (als
| Melker).»

33.

S hėt ɔmûwɔl ɔ froi, wû sɔ | Es klagte einmal eine Frau,
e mɔ nûwɔχpɔrshys tsɔ s̆tûwɔnɔ | als sie in einem Nachbarhaus
ètɔr tsɔ kwallɔ ksé es̆, kɔklâkt, | (am Tag oder Abend) auf Besuch
às e énɔ khè kwats̆ɔpäim wai | war, darüber, dass ihnen keine
wäsɔ. «iχ wäis ɔkotsɔnàmɔ net, | Zwetschenbäume wachsen
wàs tàs es̆,» säit sɔ, «äli lit | wollten. «Ich weiss in Gottes
pɔkhûmɔ kwats̆ɔpäim, às mér | Namen nicht, was das ist,»
pɔkhûmɔ kheni, ûn toχ älɔ- | sagt sie, «alle Leute bekommen
mûwɔl, we' mɔr kwats̆ɔpfafɔr | Zwetschenbäume, nur wir
khä hai, säi iχ ti s̆täin!» | kriegen keine, und doch jedes-
| mal, wenn wir Zwetschenmus
| hatten, säe ich die Steine!»

34.

«Säkɔ, hèrɔ, hèr toktɔr, | «Sagen Sie, hören Sie, Herr
mûs-ɔ-s wàsɔr häisɔr sé às | Doktor, muss das Wasser heisser
khoχik, fer tàs kheit tsɔ pâtɔ?» | sein als siedend, um dieses Kind
| zu baden?»

35.

S hėt ɔmûwɔl ɔ froi plyɔt- | Eine Frau holte einmal Blut-
sẏkɔr khólt e tɔr äpɔtèk. ewɔr | egel in der Apotheke. Nach
ɔ s̆etslɔ ânɔ khûmt sɔ wetɔr | einer Weile kommt sie wieder
tsɔrûk ûn säit : «è wàs i säkɔ | zurück und sagt: «Ei, was ich
wel, hèr äpɔtèkɔr, — i hat[1] nä | sagen will, Herr Apotheker, —

---

[1] in M. hàt.

fäš kàr fərkasə tsə frókə[1] —
prakəlt mər ti plyətsýkər em
šmùts ètər mày̆l mər ə sèslə
trà?»

beinahe hätte ich noch vergessen zu fragen — bràt man
die Blutegel im Fett, oder
macht man eine Sauce dran?»

36.

Ti Wèwərmei hèt əmùwəl
ti myətər kfrókt : «myətər, eš
sýfər wàsər e tam èrklə tùwə,
wù tar hienərtrak tren eš?»

Die «Webermarie» fragte einmal ihre Mutter : «Mutter, ist
reines Wasser in diesem Zuber
da, in dem dieser Hühnermist
sich befindet?»

37.

Tewərə em Àpfəršpà hai sə
əmùwəl e mə hys kəmètsikt[2]
khà. tərnùwə eš nə ti khàts e
tə khaiər kətysəlt[3] ùn hèt ə
krùwəs štek flàiš fùrt. wù sə
s enə wórə sei, eš àinər e tər
khàts nùwə[4] korent ; àwər ti
khàts eš e s tan ùn ti làitər
nùf ùf tə hoištok ùn eš tèrt
er̤ər ti tày̆špàrə kšlofə. «wàrt,[5]
khatsər, tiy̆ wel iy̆ prenə!»
sàit ər ùn nemt ər ti làitər
əwak.

Drüben in Ampfersbach (An-
nex von Stossweier [Štùwəswir])
hatte man einmal in einem
Hause geschlachtet. Da schlich
(ihnen) die Katze in den Keller
und entwendete ein grosses
Stück Fleisch. Als man das bemerkte (inne wurde), lief Einer
der Katze nach ; aber diese lief
in die Tenne und die Leiter
hinauf auf den Heustock und
schlüpfte dort unter die Dach-
sparren. «Warte, Bösewicht,
dir will ich einen Streich
spielen (eig. dich will ich
brennen)!» sagt er und nimmt
ihr die Leiter weg.

38.

S hèt əmùwəl àinər pim àrt-
èpfəl talwə ə šàrər làwənik
kfàr̤ə. «tsài, wàs fer ə tùwət
sèl i jètsikə« e tam tùwə àtù?»
frókt[7] ər ə àtərər, wù ùf ərə
màt er̤ə trà kfèrt hèt, «wèls
sàkə sə àls eš tər wieštšt tùwət?»
— «è, tàs khà iy̆ ùy̆[8] sàkə,»
sàit tər àtər, «ti àltə lit hai àls
ksàit, làwənik fərkràwə wàrə

Es fing einmal Einer beim
Kartoffeln aushacken einen
Maulwurf lebéndig. «Sag (zeig),
was für einen Tod soll ich jetzt
Diesem hier anthun?» frägt
er einen Andern, der auf einer
Wiese weiter unten Wasser-
furchen zog, «welches sagt
man gewöhnlich, sei der grau-
samste Tod?» — «Ei, das kann

---

[1] in M. fryoka. [2] kəmètsit. [3] kətyst. [4] nyor. [5] wàrt.
[6] hiets. [7] fryokt. [8] iy̆.

eś tər èrikśt tûwɔt.» — wú
salor lås hèrt, nemt ər tɔ
kröpfɔ¹ ùn håkt met ə lief-
lä̃ti lùt e lɔ póta ùn kheit lɔ
śårɔr tri ùn lèkt nɔ met krùt
tsyɔ ùn säit: «tûwɔ khäš jè-
tsikɔ fərèkɔ, wen tɔ wet, tý
wieśtɔr khäip!»

ich Euch sagen,» entgegnet
der Andere, «die alten Leute
pflegten zu sagen, lebendig
begraben werden sei der
schlimmste Tod.» Als jener das
hört, nimmt er den Karst,
hackt damit eine ziemlich tiefe
Vertiefung in den Boden, wirft
den Maulwurf darein, deckt ihn
mit Erde zu und sagt: «Da
kannst du nun krepieren, wenn
du willst, du wüstes Aas!»

39.

«Sei ùior pyəwə o em ksår-
färäin? ùsərə hai sə net pəkårt,
ùn ər hèt loχ ə śtem às we
śtek fé!» — «tås kloi-w-iχ
wåkər, ùsəri hai pieti nå kåts
åtəri śtemə, ùn s sei nå få tɔ
kərχśtɔ.»

«Sind eure Söhne auch im
Gesangverein? Den Unsrigen
hat man nicht gewollt, und er
hat doch eine Stimme wie eine
Bestie!» — «Das glaube ich
wahrlich, die Unsern haben
beide noch ganz andere Stimmen,
und es sind noch von den Geringsten!»

40.

Ti H.....mei hèt ksäit
tsù èrəm mäitlə: «wen iχ s
e minɔ èltərɔ kəmåχt hat² às
we tý e mér, lie wierɔ mər
misiel katsäikt hå.» — «jùwɔ,
ér wårɔ såti èltərɔ khå hå!» —
«ålɔwäi prèfəri às tý!»

Die H.... marie sagte zu
ihrer Tochter: «Wenn ich es
meinen Eltern gemacht hätte,
wie du mir, die würden mir's
mein' Seel' gezeigt haben!» —
«Ja! Ihr werdet wackere Eltern
gehabt haben!» — «Jedenfalls
bravere als du!»

---

¹ in M. kryopfɔ.   ² håt.

VIII.

Zillinger Sprachproben.

Sprichwörter und Kinderlieder in der Mundart des Dorfes Zillingen bei Pfalzburg.

Gesammelt von

· J. Spieser.

Wie bei der Herausgabe meiner früheren Sammlung von Münsterthäler Sprichwörtern im zweiten Jahrgang dieses Jahrbuchs,[1] kommt es mir auch hier vor allen Dingen darauf an, zuverlässige Sprachproben zu bieten. Wer es je versucht hat, sich in eine fremde Mundart einzuarbeiten, wird die Schwierigkeiten begreifen, die mit solcher Arbeit verbunden sind, und etwaige Irrtümer, die sich trotz aller Sorgfalt einschleichen können, entschuldigen. Ich werde für Berichtigung solcher stets dankbar sein.

Was von der Hirschländer Mundart mitgeteilt ist, verdanke ich samt und sonders der Güte des Herrn Lehrers Andrès in Zabern, dessen Heimat Hirschland ist. Ich bin ihm überhaupt für das rege Interesse, das er an dieser Arbeit nahm, zu wärmstem Dank verpflichtet.

---

[1] Dieselbe ist seither von 85 auf über 200 Sprichwörter angewachsen. Der Rest wird voraussichtlich im nächsten Jahrbuch erscheinen.

Trotz aller Beobachtung ist es mir nicht gelungen, über das Zillinger r ganz ins Reine zu kommen. Wenn auf dasselbe noch ein anderer Konsonant folgt, glaubte ich stets ein ganz kurzes a zu hören, etwa : toᵃf Dorf, kàᵉtə Garten, äᵃwəl Arbeit u. s. w. Ich wählte dafür das Zeichen ʳ. Im Anlaut schien es mir sich von dem r meiner Heimat, das stets durch Vibrieren der Zungenspitze hervorgebracht wird, nicht zu unterscheiden. Ebenso schwankte ich darüber, ob ich «löw» (schaue) oder löÿ, phȧw (Pfau) oder phöÿ, frau oder fraw schreiben sollte. Folgt ein Vokal nach, so hört man deutlich ein w («löwə» schauen); folgt aber ein Konsonant, so klingt das w vokalisch.

Folgende Beispiele mögen den Vokal- und Diphthongenbestand der Hirschländer Mundart veranschaulichen und zugleich zeigen, wie notwendig es ist, mundartliche Sprachproben phonetisch und nicht etymologisch zu schreiben.

I. Kurze Vokale : știl Stiel, ștel still, ștèl stelle, ștäl Ställe, awə Augen, ștȧl Stall, mòŋs¹ frisch, zart (vom Brot), kot Gott, kût gut, hyt Haut, tröwə trauen.

II. Lange Vokale : pir Bier, pér Birne, pèr Beere, pȧr Bär, sȧwə sagen, pȧr baar, pòm Baum, rȯt rot, rút Rute, pÿr Bauer, fröwə fragen.

III. Kurze Diphthonge : liit lügt, lèit liegt, käis Geiss, Ziege, fray Frau, tröÿ (ich) traue.

IV. Lange Diphthonge : fliit fliegt, knéi Knie, lèit legt, räit regnet, jȧut jagt, plöÿ Plage.

In Z. steht für ȯ (ȯ): à (à)² (màŋs, pȧm); für ii (ii): ei (éi) (leit, fléit); für äi : ai (kais); für ay : au (frau).

I. Sprichwörter

in Zillinger Mundart nebst Angabe der Abweichungen der Hirschländer Mundart.

1. änər nàr màχl hûntaʳt.
2. ə khû eș³ wi ə sàk ; wà(n) mər neks tren* tût, [ûn tó]⁴ khàn mər á* neks ərys nämo. H. : ənen, áu.

---

¹ ò (gedehnt : ô) ist ein Laut zwischen à und o, etwa wie das o in franz. homme.
² Doch auch ó (H. rôt, Z. rót Rat).
³ ist. Präs.: iχ șen, ty peș, ər eș, mər (ər, sə) șen; Conj. präs.: șêw, — ș, —, ə; Conj. imp.: wȧr, — ș, —, ə; Imp.: șéi, șèiə: Inf. șen: Part.: kəwän.
⁴ Das in [ ] eingeschlossene bleibt in H. weg.

3. ə kûlər khùmətérər ¹ eš pèsər ás ə šläχtər šäfər. ²
4. ə kûtər leiə * šät neks (wàn mər nə kût ảnpreχt). H. : liiə.³
5. ə kût wo^rt feχt ⁴ ə kùt o^rt.
6. emə * jètə nàr kfällt sin khàp. H. : ùmɔ.⁵
7. emɔ kšäχktə * ros lóẙt⁶ mər net en s myl. H. : ùnɔ kšeχktə.
8. em träkiyə wàsɔr khàn mər siχ net sʲwɔr wäšə.
9. əs * eš khäm myl tsə tröwɔ. ⁷ H. : s.
10. əs * eš khän ảprel so kùt, əs * šnềit ɔm pẙr⁸ noχ ûf tə
    hùt. H. : s, s.
11. ɔs * pli ⁹ ə jètər wàs ər eš, nó fällt * khän šnitər iwɔr tɔ *
    täχ ərä. H. : s, nó fèllt, s.
12. əs * hàt šùn filmól ə plen[t]i týw ¹⁰ ə-n-ä^rps kfùχ. H. : s.
13. əs * kờn fil kətùltiχi šóf en ånə štäl. H. : s.
14. ɔs * khùmt á * wetər ɔ tsit, wù t * khù tɔ wàtɔl ¹¹ pryχt.
    H. : s, ảu, tɔ.
15. əs tält * ¹² àls kär¹⁸ ånər ə-n-aù kän *,¹⁴ wàn tər ảntər
    khäns hèt. H. : s tält, ken.
16. əs* wä^rt khän frós¹⁵ kəpór, àwər ərtsóẙ. ¹⁶ H. : s.
17. fil häχ * ¹⁷ hàn ¹⁶ pål ə-n-äχ *. H. : heχ, eχ.
18. fil hùn sen s hàsəs tól.
19. fil prétərə màχə šmàli kétərɔ. ¹⁹
20. freši wùntə sen kùt hålɔ.
21. fùr əm tèiwəl²⁰ khàn mər siχ hélɔ, àwər fùr tə pèsə
    lit net.
22. hóχmùt mùs tswàχ litɔ.
23. klän* ùn khäk wä^rft tə krósɔ[-n-] en tɔ träk. H. : auch
    klin.
24. kréni winảχtɔ*, wisi óštərə. H. : winàytɔ.

¹ Anordner. ² Arbeiter. ³ Lüge. ⁴ findet. ⁵ vgl. das
ù in Likəùm Lixheim, Wèšùm Weschheim u. s. w. ⁰ schaut.
⁷ trauen. ⁸ Bauer. ⁹ bleibe; Part.: kɔple (H.: kɔplew). ¹⁰ blinde
Taube. ¹¹ Schwanz. ¹² thäte. Präs.: tû, — š, — t, — n; Part.:
kətón. ¹³ gerne. ¹⁴ geben. Präs.: ke, — š, — t, kän (H.: ken);
Conj. imp.: kåp, — š, —, kåwə. Part.: kün (H.: ken). ¹⁵ Vielfrass.
¹⁶ erzogen. ¹⁷ Plur. von hànt. Andere unregelmässige Plurale
sind: fen (fent Feind). fèilə (fôwəl Vogel, dem. fèiələ), hùn (hùnt
Hund), khen (khent Kind), kréi (krùk Krug), pléi (plùk Pflug), pûwə
(pù Knabe), šû (šùk Schuh). ¹⁸ haben. Präs.: hàn, hàš, hàt, hàn;
Conj. präs.: hèw, — š, —, ə; Conj. imp.: hèt, — š, —, ə; Inf.:
hàn; Part.: khät. ¹⁹ Güter. ²⁰ Teufel. vgl. hâwə Hafen, Topf;
owə Ofen: šwåwəl Schwefel u. a.

25. krós ùn neks nùts sen tswèn fälərə.

26. kùthait* eš ə štek fän tər letərliχkhait*. H. : — häl, — khät.

27. léχtmäs*, špenə fərkäs, ùn pi tá ts nàχt* käs. H. : litmäs,[1] s nàχt* (nàt).

28. Màrià kəpùrt* šet t* èplə[2] ùf t hùrt*[3] ùn s tsówə[n]äsə fùrt, Màrià fərkhentikùr̄ preχt s tsówə[n]äsə wetərùm; tər hailiχ* Sànt Kàl štèlt s fè fùr tə štàl, ùn tər Sànt Màrtin tùt s folš* en. H. : kəpýrt, tə, tə hýrt, häliχ, fols.[4]

29. mər haut* tə pàm* net met əm ệršta štraiχ* àp. H. : huyt, pòm, štràχ.

30. mər khänt tə fòwəl[5] àn tə fätərə.

31. mər mùs àləwil màχə, làs t* kheriχ em torf plit. H.: tə.

32. mər mùs àləwil s pèšt hofə, s šläχt khùmt fän àsə.[6]

33. mər mùs né sàwə : prùnə, àn tér treχk iχ nimè*. H.: nimè.

34. mər mùs s isə šmetə, wàn s wàrm eš.

35. mər mùs siχ štrèkə nó* tər tèkət*. H.: nò, lèk.

36. mər mùs tə firówət[7] ts* morjəts sùχə. H. : s.

37. mər mùs t frau* pim èrštə laip* pròt tseiə*. H.: tə fray, làw, tsiiə.

38. mər mùs tsùm šmet kèn, net tsùm šmetəl.

39. mər rèt fän tər kherw,[8] pets às* sə tó* eš. H.: pes, tò.

40. mər wais* àn sinə pérə, wàn àntər lit érə* tsitiχ[9] sen. H.: wàs, irə.

41. met krósə härə eš net kùt kheršə[-n-]äsə, sə wärfə -[n] äm t štil* àn tə khop.[10] H. : tə štil.

42. met špäk fàχt mər t* mis, ùn met lešt t* lit. H.: tə.

43. met tárə àrwət, wù mər ùmkèt, fərsùtəll mər siχ.

44. met tər kàwəl[11] eš s ə[-n-] èr, àwər met əm lèfəl krèit* mər mè. H.: krèit.

45. morjəräiə ùn wiwərwè eš nómetäs* neks mè.[12] H.: nòmetäs.

---

[1] In H.: lit Licht, vgl. nât Nacht, knât Knecht, âter̄ Achtung; flâs Flachs, wâs Wachs, wâsə wachsen u. s. w. Doch sind alle diese Formen veraltet.   [2] Aepfel.   [3] Brettergerüst.   [4] vollends; zu folš vgl. fùršiχ vorwärts; bàlš Hals, klùnšə glunsen, glimmen, tùršə (H.: thùršə) Strunk (vgl. Münsterthal torsə); haišə (H.: hàšə) heissen, šùnšt (H.: sùnšt) sonst.   [5] Vogel.   [6] von selbst, so wie so.   [7] Feierabend.   [8] Kirchweih.   [9] reif.   [10] Kopf.   [11] Gabel.   [12] «Morgenregen und Weiberweh ist Nachmittags nichts mehr.»

— 137 —

46. neks hàn eś ə rûiχ.* låwə, àwər äps* eś kùt. H.. réwiχ, äpəs. [1]

47. päriχ ùn tàl khûmə net tsàmə, àwər t* lil. H.: tə

48. pèsər ə lys em kryt às kàr khän flaiś*. H.: flåś.

49. pèsər ə štekəl pról em sàk às ə fätər ûf əin hùt.

50. pèsər šläχt kfàr às kùt kåχ.[2]

51. pètś* tə kùt, so lèiś[4] tə kùt.

52. s krós sen* eś ə[-n-] èr, àwər s màχt tə kältsàk lår. H. auch: s hófərtiχ sen.[5]

53. so fil là às t* frèšə für Jèrjətà[6] kwäkərə, so fil wûχə nó* hår sen sə štel. H.: tə, nô.

54. sùnəplekər, råiəšekər.[7]

55. t* àltə khé kän*[8] tə pùtər, ùn t* jùχə hénərə lèiə aiərə*. H.: tə, ken, tə, tə äiərə.

56. lår, wù tə sàk hèpt, eś kràt so fil às wi lår, wù ənen štèkt.

57. tàs ros, wù tə hàwər fərtént, tàs krèit* nə net. H.: krèit.

58. tər mèrts trùkə ùn tər àprel nàs, felt əm pýr kheštə* ùn fäs.[9] H.: khèštə.

59. tə riχə lit érə* tèχtərə ùn tə [-n-]àrmə lit érə* khèlwərə [10] sen pàl àlt kənùk. H. irə, irə.

60. tər krùk kèt àn tə prùnə pets às* ər präχt. H.: pes.

61. tər màn khàn net met ros ùn wåwə pifèrə, [11] wàs t* fraw em fùrtùχ[12] khàn fùrt tràwə. H.: tə.

62. tər pèšt hàntəl* eś neks nùts. H.: hänəl.[13]

63. tər woləf* fərlért t* hór àwər t* nypə[14] net. H.: wolf, tə, tə.

64. t* kəpräntə khen färiχtə s fir. H.: tə.

65. t* khen ùn t* nàrə sàwə t* wórət. H.: tə, tə, tə.

66. t klaitərə* màχə t* lit ùn t* lùmpə t* lis. H. tə klätərə, tə, tə, tə.

67. t* nöwə påsə fàiə kùt. H.: tə.

68. t* röwə ùn t* rekhärw khûmə heχə nó.* H.: tə, tə,[15] nó.

69. ts nàχts* sen àli róti khé świrts. H.: s nàχts (nàts).

70. tswèn ryχi štän màlə sàltə rån.

---

[1] etwas. [2] gegangen. [3] bettest. [4] liegst. Part.: kəlå.
[5] Die Patenschaft. [6] Georgstag (23. April). [7] «Sonnenblicke».
Regensender». [8] Kühe geben. [9] Fässer, sonst fèsərə. [10] Kälber
[11] Wagen herbeiführen. [12] Schürze. [13] Streit. [14] Bosheiten.
[15] Dio Re ue und die Rückkörbe kommen hinten nach.»

71. l* štelə wàsərə sen l* äriχštə štàtəfräsərə. H.: tə, tə.

72. ùməsùnšt eš tər tòt, ùn tər säl ¹ khošt s läwə.

73. ùmkəkhê'rt eš á* kfàr, àwər net kràt ənys. H.: áu.

74. ùm s kält krêit * mər tsùkər. H.: krèit.²

75. ùnfərsùχt šmåkt net.

76. wàn ånər kšolt wel sen, mùs ər hèiràtə*, ùn wàn ər kəlopt wel sen, mùs ər štä'wə. H.: hèiràtə.

77. wàn ə phår ənàntər fórnämə, so khùmt ånər met əm hämt tərfàn *, ùn tər àntər mùs nàkiχ laufə*. H.: hemt təfàn, nàkə'tiχ ³ layfə.

78. wàn ə säχèsəl⁴ säχlə wel, säχəlt sə àsə jùɳk.

79. wàn mər àlt wä'l⁵ wi ə khù, lè'l mər àlfù'l⁶ noχ tə[r]tsù.

80. wàn mər ə štäniχər àkər hàt ùn ə krùmər plùk,⁷ ùn ə pèsi fraw em hys, (tərnó) hàt mər krits kənùk.

81. wàn mər pi tə wèləf * eš, mùs mər met nə hilə. H.: wèlf.

82. wàn mər siχ eχər l* klèiə mešəlt, [ùn tó] fräsə[-n-] ånə l* söwə.⁸ H.: tə, tə.

83. wàn mər tə šältə hàt, fùr tə špot pryχt mər net soriχə.

84. wàn mər tə woləf nänt*, [ùn tó] khùmt ər kəränt. H.: wolf nent.

85. wàn mər l* hä't ànämt, mùs mər sə à * hétə. H.: tə, àu.

86. wàn mər wel hóχtsit màχə, mùs mər érə tswai * sen. H.: irə tswäi.

87. wàn s ånə net pränt, mùs mər net plósə.

88. wàn s misəl sàt eš, eš s ınål petər.

89. wàn s tər kais tsə* wól eš, kèt sə ùf s is ùn präχt ə pàn. H.: käis sə.

90. wàn s tùnə't iwər tə plùtə ⁹ wàlt, [ùn] so fəršrèkə jùɳ ùn àlt.

91. wàn tər pår åm léχtmäs* s nèšt khàn trùkə, tràt ər s* noχ əmól sèks wùχə ənen. H.: litmäs, š.

92. wàn tər pàtəlmàn ùf s ros khùmt, so rit ər s* tsə tót. H.: š.

93. wàn tər tèiwəl hùχriχ eš, fräst ər mùkə.

94. wàn l* khàtsə fù't sen, sen l* mis maištər*. H.: tə, tə, måštər.

---

¹ tər säl jener; man sagt in Z. auch t ə r min fàtər «mein Vater».
² kriegt, bekommt. Z.: Conj. imp: kräχt, — š, —, ə; Part.: kréit (H.: krèit). ³ nackt. ⁴ Brennnessel. ⁵ Präs.: wär, — š, — t, wårə; Inf.: wårə; Part.: wor. ⁶ immer. ⁷ Pflug. ⁸ Schweinə. ⁹ bloss, kahl, unbelaubt.

95. wàn t* mós fol eš, lauft * sə iwər. H. : tə, layfl.
96. wàn tswó frawə e' mə hys sen, eš áni tsə* fil. H. : sə.
97. wǎr en šlùᵣpə¹ kəpór eš, tǎr tǎrf en khǎn štiwəl šlypə*. H. : šlyfə.ⁱ
98. wǎr kùt šméᵣt, fàᵣt kùl.
99. wǎr neks wó̂yt,⁸ kəweut neks.
100. wǎr net khùmt tsù rǎχtər tsit, tǎr mùs nǎmə, wàs iwriχ plit.
101. wǎr nimàntə* tróŷt,⁴ tǎm eš net tsə tröwə. H. : nimànt.
102. wǎr siχ wais* tsə šekə, pryχt siχ net tsə pekə.⁵ H. : wǎs.
103. wǎr tsèᵣšt* khùmt, mǎlt tsèᵣšt*. H. : sèᵣšt*.
104. wàs fǎn tə khàtsə tó* eš, lèᵣt mýsə. H.ᵛ: tó.
105. wàs mər àn ǎm plàts* šóŷt,⁶ feηt mər àm àntərə. H. : plǎts.
106. wàs mər orǎᵣpl, pryχt mər net [tsə] ərhýsə.⁷
107. wàs mər net em khop hàl, hàl mər en tə fés.⁸
108. wàs mər net en tər hànt hàt, khàn mor net hèpə.
109. wàs mər net khàn, štèt ǎm s lèrə wól àn.
110. wàs mər net wais*, màχt ǎm net hais*. H. : wǎs, hǎs.
111. wàs pàt s miχ,⁹ wàn tər tèiwəl tə [-n-] àntərə hólt, ùn iχ mùs tə fýrlón pətsǎlə?
112. wàs siχ pətswait, pətret siχ ǎ. H. : w. s. tswǎit, tàs tret siχ ǎu.
113. wi mər en tə wǎlt šrèit, šrèit s ǎm ərkèiə*. H. : okèiə.
114. wi s mǎl eš, wǎᵣt s pról.
115. wi tər hǎr, só s kšǎr.⁹
116. wit fǎm kšets ket ǎlti sǎltǎtə.
117. wù fil heᵣtz sen, wǎᵣt šlǎχt khét.
118. wù kənùk eš, kréit* tər hùnt phǎfər ùf t* sùp. H. : krèit, tə.
119. wù neks eš, hàt tər khaisər* s rǎχt fərlór. H. : khǎsər.
120. wù tər tèiwəl net ànə wel, šekt ər ə ǎlti fraw ànə.¹⁰

---

l elende Schuhe. ² schlüpfen. ⁹ wagt. ⁴ traut. ⁵ bücken. ⁶ scheut. ⁷ ersparen. ⁸ d. h. wenn man die Gedanken nicht anstrengt (etwas vergisst), muss man die Füsse anstrengen. ⁹ hilft es mir. ¹⁰ Geschirr, Werkzeuge. ¹¹ hin.

II. Kinderlieder.

A. Zillinger Mundart.

1.

Haiə pàpaiə,[1]
šlà s pipǝlǝ[2] tól!
s lèit tǝr khān kàkǝl[3]
ùn fràst tǝr tin pról.

2.

Haitǝrlûn,[1]
t fraw eš krûm,
sǝ hàt ǝ krûmǝr tsèwǝ,[4]
sǝ hypǝlt[5] en tǝr štûp ǝrûm
ùn hàt ǝ sàk fol šlèwǝ.[6]

3.

Hau hèkǝ-n-àp, hau hèkǝ-n-àp
ùn los mǝr t štypǝ[7] štèn ;
lauf lǝ šěnǝ maitlǝ[8] nó
ùn los mǝr t wyštǝ kèn!

4.

Maikhàwǝr, flèi!
tin fàtǝr eš em kréi,[9]
tin mùtǝr eš em Owǝrlànt,[10]
se preȵt[11] tǝr ǝ šěnǝs rósǝpànt.

5.

Pitšǝ pàtšǝ khùyǝ![1]
tǝr pèk, tàr hàt s kǝrûfǝ :[12]
«wàr wel kùti khùyǝ pàyǝ,
tàr mùs hàwǝ[13] sewǝ sàyǝ :
pùtǝr ùn šmàlts,
aiǝr' ùn sàlts,
meliy ùn màl,
ùn sàfrǝ màyt lǝ khùyǝ kàl.»

6.

Trèi hûn ùn trèi hàn![1]
ty min léwǝr Krešàn![14]
ty hàš mǝr s fǝršproy,
ùn jèts mùš miy á hàn.

7.

Wèwǝrlǝ, wèwǝrlǝ, wek, wek,
wek![1]
mày mǝr s tùy trèi ělǝ[15] tek,
los tǝ špùlǝ laufǝ ;
iy wel tǝr ǝ wèkǝ khaufǝ.

8.

Wisi plémlǝ, róti plémlǝ
wàksǝ-n-en tǝ hèkǝ,
maitǝlǝ, wàn t' ǝ šmetsǝl[16] wet,
sǝ mùš tiy net fǝrštèkǝ.

B. Hirschländer Mundart.

9.

Rèitǝ, rèitǝ ros![1]
sǝ Pàsǝl štèt ǝ šlos,
sǝ Pàsǝl štèt ǝ härǝhys,
to'rt löwǝ[17] trèi šèni jùnfǝr' ǝrys.
tǝ ànt špent sit,[18]
tǝ àntǝr špent wit,
tǝ tret, te špent ǝ rótǝ rok
fùr ùnsǝrǝ klinǝ kàisǝpok.[19]

---

[1] Sinnloses Flickwort.   [2] Hühnchen.   [3] Ei.   [4] Zehe.
[5] hüpft.   [6] Schlehen.   [7] Strünke.   [8] Mädchen.   [9] Krieg.
[10] Oberelsass.   [11] bringt.   Part.: kǝprùy; Conj. imp iy prǎyt.
[12] sonst «kǝrûft» gerufen.   [13] sonst «hàn» haben.   [14] Christian.
[15] Ellen.   [16] Küsschen.   [17] schauen.   [18] Seide.   [19] Die zwei
letzten Zeilen lauten in Zillingen:
       «t tret špent hàwǝrštró,
       ùn t fě'rt màyts kràt ǝsó »

Drei Mitforschern zum Gedächtnis.

Von E. Martin.

Johann Friedrich Kräuter.

Die elsässische Dialektforschung hat in Joh. F. Kräuter, welcher am 2. September 1888 zu Bern starb, einen ausgezeichneten Mitarbeiter verloren. Seine wissenschaftliche Thätigkeit beschränkte sich jedoch nicht auf das Gebiet unserer Mundarten: alles was die Lautlehre, sein besonderes Studium, betraf, hat er sich nicht nur im Anschluss an fremde Untersuchungen anzueignen, sondern auch durchaus selbständig nachprüfend und beobachtend zu fördern gesucht.

Die Lautlehre ist ein Grenzgebiet, auf welchem Philologie und Naturwissenschaft (diese als Akustik und Physiologie) zusammentreffen. Die Kenntnis der lebenden und der Sprachen der Vergangenheit, der Schriftsprache und der Mundarten giebt das Material, für dessen Verwertung zum Aufbau einer Wissenschaft die naturwissenschaftliche Methode massgebend ist: Beobachtung mit möglichst objektiven, vor Willkür und Selbsttäuschung schützenden Hilfsmitteln, wo möglich Anwendung des Experimentes, welches oft wiederholt und rein auf die gestellte Frage gerichtet werden kann. Gerade auf diesem Gebiete lag nun Kräuters Neigung und Begabung. Er beschäftigte sich viel mit physikalischen Untersuchungen, er konstruierte Apparate, er prüfte immer und immer wieder und überzeugte sich wohl selbst gelegentlich, dass auf Wegen, die anfangs viel versprachen, das Ziel nicht zu erreichen war.

Zu dieser Art der Forschung führte ihn seine Anlage, aber auch jene hat auf seinen Charakter und in gewisser Weise auch auf sein Schicksal zurückgewirkt. Um ganz unbeeinflusst durch andere zu forschen und zu urteilen, zog er sich mehr und mehr zurück und kannte zuletzt ausserhalb der Familie keine andere Erholung mehr als einsame Spaziergänge; die fast leidenschaftliche Verfolgung seiner wissenschaftlichen Absichten musste vielfach als Eigenheit und Sonderlingswesen erscheinen. Wie er wissenschaftlich nur das, was er selbst wahrnahm, anerkennen konnte, so schien er auch im Leben nur unmutig manche Schranke zu empfinden, welche in unseren so vielfach verwickelten Verhältnissen nun einmal nicht zu durchbrechen ist. Daher auch wohl seine heftige, zuweilen herbspottende Art, seine Gegner zu bekämpfen und gerade gegen die angeseheneren unter ihnen die entschiedensten Ausdrücke zu gebrauchen. Dadurch hat er der Anerkennung seiner Arbeiten eher geschadet, aber freilich auch seinen Ausführungen einen Reiz gegeben, welcher, in Verbindung mit der Klarheit seiner Ansichten, auch jetzt noch auf den Leser wirkt.

J. F. Kräuter war geboren zu Strassburg am 12. Februar 1846 als Sohn eines Buchhändlers. Er erhielt seinen Unterricht auf dem protestantischen Gymnasium seiner Vaterstadt, von 1863 ab auf dem höheren Gymnasium zu Bern, welches er 1865 mit der dortigen Universität vertauschte, um namentlich unter der Leitung von Prof. Rettig klassische und germanische Philologie zu studieren. Durch das Los vom französischen Militärdienst frei geworden, war er von 1868 ab eine Zeit lang Hauslehrer bei Baron von Heye auf Schloss Uhenfels bei Urach, dessen Töchter er unterrichtete. Nach dem Krieg fand er in seinem Heimatland bald eine Stelle in dem neuorganisierten Schulwesen, die er, von früh an aufrichtig deutsch gesinnt, gern übernahm. Durch Verfügung vom 15. September 1871 wurde er zum kommissarischen Lehrer am Gymnasium zu Saargemünd ernannt, am 1. Oktober trat er sein Amt an. Am 1. Juli 1872 erfolgte die Beförderung zum ordentlichen Lehrer. Am 30. Oktober 1884 verheiratete er sich mit einer ihm verwandten Dame aus Bern, welche selbst als Schriftstellerin sich Anerkennung erworben hatte. Sie schenkte ihm zwei blühende Kinder, und es gestaltete sich sein häusliches Leben in der glücklichsten Weise. Doch schon im Sommer 1887 sah er sich genötigt, einen längeren Urlaub zu nehmen, um eine bedrohliche Brustkrankheit auszuheilen. Er sollte nur noch auf kurze Zeit in seine Lehrthätigkeit zurückkehren. Als er sein Ende nahe fühlte, wünschte er nur noch — und dieser Wunsch ward ihm erfüllt — am Sedanstag zu sterben.

Kräuters litterarische Leistungen bestehen in einer für
sich erschienenen Arbeit « Zur Lautverschiebung », Strassburg,
Trübner 1877; einem Programm des Collegiums zu Saargemünd 1873 « Ueber neuhochdeutsche und antike Verskunst » :
und in einer grossen Anzahl von Artikeln, welche in Fachzeit-
schriften erschienen sind. Von diesen standen ihm auch die
angesehensten zu gebote und veranlassten ihn überdies zu
einer Reihe von Recensionen insbesondere über Werke laut-
physiologischen Inhalts. Noch zuletzt, nach seinem Tode, ist
ein derartiger Artikel im Anzeiger für deutsches Altertum XV
(1889) S. 1—9 zum Abdruck gekommen. Schriften über französische Grammatik besprach Kräuter besonders im Literatur-
blatt für germanische und romanische Philologie.

Ich versuche es, die einzelnen Fragen, welche Kräuter
hauptsächlich beschäftigten, mit Bezug auf die einzelnen Arbeiten
aus seiner Feder aufzuzählen. Zunächst galt es eine Uebersicht
der Laute, welche an der Sprache unterschieden werden, zu
gewinnen und wohlgeordnet vorzuführen, und K. veröffentlichte hierzu « Das physiologische System der Sprachlaute » in
Reicherts und du Bois-Reymonds Archiv für Anatomie, Physiologie und wissenschaftliche Medicin 1873, S. 449—477, mit
manchen eigenen Gedanken. Näher an seine eigentliche Auf-
gabe trat er heran, indem er diese allgemeinen Sätze auf die
deutsche Sprache zur Anwendung brachte und durch einzelne
Beobachtungen noch verfeinerte. Er zeigte, dass wir in der
ober- und mitteldeutschen Aussprache die Tenues k p t meist
mit den geschriebenen Medien g b d zusammenfallen lassen,
im Anlaut aber durch Aspiration davon unterscheiden, so dass
z. B. in Korn hinter k ebenso ein h zu hören ist wie in
Trinkhorn: « Die nhd. Aspiraten und Tenues » in Kuhns
Zeitschrift f. vergleichende Sprachforschung XXI (1873) S. 30
bis 66; Michaelis Zs. f. Stenographie u. Orthographie XXI (1873
S. 34—43. Gegen die Bezeichnung der Medien und Tenues
als Lenes und Fortes, also als schwächer oder stärker ausgesprochene Laute wendete er sich auf das entschiedenste :
Anz. f. deutsches Alt. XII (1886) S. 121 ff. Auf den Konsonan-
tismus der heutigen Gemeinsprache bezog sich ferner die Abhandlung « Die Prosodie der nhd. Mitlauter » in Paul und
Braunes Beiträgen II (1876) S. 561—573, worin bemerkt ist,
dass die Doppelschreibung ll, mm u. s. w. keineswegs eine doppelte Aussprache bedeute, indem z. B. in alle das ll nicht
länger dauere als l in Ahle, so dass vielmehr durch die Ver-
doppelung des Konsonanten nur die Kürze des vorhergehenden
Vokals bezeichnet sei; Fälle wie annehmen sind natürlich
anders aufzufassen und bestätigen nur die Beobachtung. Solche

phonetische Untersuchungen wandte K. in seiner Schrift «Zur Lautverschiebung» auch auf die ältere Sprache an; von allgemeinerer Bedeutung ist namentlich seine Unterscheidung der Selbstlauter und Mitlauter von den Vokalen und Konsonanten, die man sonst damit zusammenfallen liess: ihm war z. B. in Eier das *i* nur ein Mitlauter; vgl. auch Anz. f. deutsches Alt. III (1877) S. 14. Mit Recht wendet sich K. gegen die Regel: im Nhd. sei jede offene Silbe lang, jede geschlossene kurz: Neue Jahrbücher für Philologie und Pädagogik II. Abt. 1879, S. 401 ff.

Aus der Lautlehre ergeben sich nun weitere Folgerungen, zunächst für die Verskunst. Ganz vortrefflich zeigt K. in dem schon angeführten Programm von 1873, dass der musikalische Vortrag, den wir als ursprünglich aller Poesie eigen ansehen müssen, immer die Verhältnisse der Prosarede zu rhythmischen Zwecken verändere. Selbst in unserer Deklamation ist dies sichtbar: Schiller sagt in Don Carlos 3, 10 «Stolz lieb ich den Spanier» und giebt dem letzten Wort drei Silben, während es in gewöhnlicher Rede nur zwei hat. Die französische Bühnendeklamation lässt, um den Eindruck der Natürlichkeit zu machen, die von den Dichtern als silbenbildend gezählten e m u e t s weg: Zs. f. d. Gymnasialwesen XXXV (1881) S. 746; Zs. f. neufranz. Sprache und Literatur III (1882) S. 583 ff.

Sodann ist es die Orthoëpie, d. h. die Lehre von der richtigen Aussprache, welche in manchen streitigen Fällen nach den Grundsätzen der Phonetik zu bestimmen ist. So trat Kräuter für die Aussprache des *g* nach süddeutscher Weise als die allein richtige in gehobener Rede ein, und die in diesem Sinne erlassenen Verordnungen für die Berliner Hoftheater gaben ihm eine wahre Genugthuung: Musikalisches Wochenblatt X (1879) 429 ff., Blätter f. d. bayerische Gymnasial- und Realschulwesen XV (1879) 373 ff., Herrigs Archiv LXIII (1880) 123, Anz. f. d. Alt. XII (1886) S. 128 ff.

Von besonderer Wichtigkeit aber musste die Phonetik für die Orthographie werden, sobald es darauf ankam, die Schreibung mit der gesprochenen Rede in Uebereinstimmung zu bringen. Bekanntlich hat die deutsche Orthographie sich in einzelnen Punkten noch im Laufe unseres Jahrhunderts geändert; ja, eine völlige Umgestaltung wurde durch Jacob Grimm und andere Germanisten in Anregung gebracht, bei welcher insbesondere der Anschluss an das saubere, durchsichtige System der mittelhochdeutschen Schreibweise gesucht werden sollte. Dieser etymologischen Behandlung, welche zwar in sehr verschiedenen Stufen, doch bei einer grossen Zahl von Sprachforschern bereits Anklang gefunden hatte, stellte sich R. v.

Raumer entgegen, welcher mit Recht die übergrosse Schwierigkeit einer orthographischen Reform hervorhob und betonte, dass eine ganz Deutschland gemeinsame, wenn auch hie und da fehlerhafte Rechtschreibung noch immer einer besseren, aber nur von einem Teile Deutschlands angenommenen vorzuziehen sei. Raumer bemerkte weiter, dass, wenn an dem herkömmlichen Gebrauche etwas verändert werden solle, wie namentlich in gewissen schon zweifelhaft gewordenen Fällen, nicht die Etymologie, nicht der nächste Anschluss an einen älteren Sprachzustand, sondern die Phonetik den Ansschlag geben, also die möglichst genaue Wiedergabe des gesprochenen Lautes erstrebt werden müsste. Der preussische Kultusminister Falk berief im Januar 1876 eine orthographische Konferenz nach Berlin, welche Raumers Vorschläge begutachten sollte. An der lebhaften Verhandlung, welche dieser Schritt in den Zeitungen und Zeitschriften hervorrief, beteiligte sich auch Kräuter. Hatte er schon 1873 in Michaelis Zs. f. Orthographie S. 51 eine Arbeit von Berliner Gymnasiallehrern, welche wesentlich das Herkömmliche zusammenfassten, gebilligt, so hielt er auch später die Sache für noch nicht spruchreif: Herrigs Archiv f. d. Stud. d. n. Spr. LV, 129 fg. (Braunschweig 1876), und äusserte sich über das Ergebnis der orthographischen Konferenz, welche weder den Raumerschen Vorschlägen zustimmte, noch unter sich einig war, sehr abfällig: Herrigs Arch. LVI (1876) 311 fg. Der Erfolg bestätigte dies Urteil: das preussische Ministerium, welches inzwischen auf Herrn v. Puttkamer übergegangen war, griff auf Raumers Vorlage zurück, welche dann für die Schulorthographie massgebend wurde. Auch die Mängel dieser Vorlage setzte Kräuter auseinander: Magazin f. d. Lit. des In- und Auslandes 1883, 756. Insbesondere kämpfte er gegen das sz heftig an: Michaelis Zs. f. Stenographie und Orthographie 1875 S. 73 fg., Journal f. Buchdruckerkunst 1879, 487 fg., 507 fg., «Ein orthographisches Ungeheuer» Herrigs Archiv LXII, 1879, 193. Die Frage nach der Bezeichnung der s-Laute ist namentlich dadurch erschwert, dass die lateinische Schrift (Antiqua) von der sogenannten deutschen (Fraktur) hierin abweicht. Die Abschaffung dieser letzteren befürwortete auch Kräuter auf das lebhafteste: Mag. f. d. Lit. d. In- und Auslands 1885, 749 = Reform, Zs. d. Ver. f. vereinfachte Rechtschreibung 1886 S. 25 fg.

Was der Schriftsprache gegenüber an unüberwindlichen Schwierigkeiten scheiterte, das war an den Mundarten durchaus durchführbar und durchführenswert: eine genaue Bezeichnung der gesprochenen Laute. Es kam nur darauf an, so einfach, so klar und so umfassend wie nur möglich die Zeichen für die

Laute zu wählen. Hier ist Kräuter in jeder Weise am glücklichsten gewesen. Seine Art, mit Benutzung fast nur der überlieferten Schriftzeichen Klang, Hervorbringungsweise, Dauer der Laute, sowie bei den Vokalen die etwaige Nasalierung zu kennzeichnen, ist vollkommen durchdacht und gegenüber zahlreichen Vorschlägen anderer auch aus späterer Zeit wohl vorzuziehen. Kräuter hat sie mehrfach als « Zwölf Sätze über wissenschaftliche Orthographie der Mundarten » zusammengefasst und besonders ausführlich dargelegt in Frommanns Zeitschrift: Die deutschen Mundarten Bd. VII (Halle 1877) S. 305—332; vgl. dazu Herrigs Archiv LVIII (1877) S. 43 fg., Anz. f. d. Alt. IV (1878) S. 299 fg., Bartschs Germania 23 (1878) S. 123 fg., Korrespondenzblatt f. niederd. Sprachforschung (1879) S. 2 fg., «Grundgesetze der orthographischen Wissenschaft» Zs. f. Orthogr. (1881) S. 170 fg.

Diese Schreibung der mundartlichen Laute hat dann namentlich auch bei denen Annahme gefunden, welche sich mit den elsässischen Dialekten befasst haben, bei Mankel, Lienhard, Spieser u. a. Einzelne Abweichungen wurden nur aus Rücksicht auf den Typenvorrat der Druckerei und auf leichtere Aneignung seitens der Leser für nötig befunden.

Die Kenntnis der elsässischen Mundarten hat Kräuter auch in historischer Beziehung erheblich gefördert, insbesondere durch seinen Aufsatz über « die schweizerisch-elsässischen *ei, öy, ou* für alte *ī, ȳ, ū* »: Zs. f. d. Alt. 21 (1877) S. 258 fg., ferner durch die in Birlingers Alemannia IV (1877) S. 255 fg., V (1877) S. 186 fg. abgedruckten Untersuchungen « Das elsässische y für gemeinalemannisches u » und « Die mitlautenden Längen im Altelsässischen », « Die alten g und j im Elsässischen ».

Eine umfassende Darstellung gedachte er von dem Strassburger Dialekt zu geben. Die Arbeit sollte schon 1874 gedruckt werden, und ein Teil fand sich handschriftlich in Reinschrift unter den nachgelassenen Papieren. Allein auch dieser Teil zeigt durch spätere Zusätze, Striche und Umarbeitungen, dass Kräuter selbst mit dem ersten Entwurf später nicht ganz zufrieden war. Immerhin wird diese Arbeit nicht verloren gehen. Nach einer gütigen Mitteilung der verwitweten Frau Dr. Kräuter hatte der Verfasser zuletzt noch gewünscht, dass sie in meine Hände gelegt werde : sie wird für unser elsässisches Idiotikon und die sich daran anschliessenden grammatischen Arbeiten dankbar benutzt werden.

Ich schliesse diese Uebersicht über Kräuters Arbeiten mit dem Hinweise auf einige Aufsätze allgemeineren Inhalts, welche in anziehender Weise die von ihm wissenschaftlich behandelten Gegenstände einem grösseren Leserkreise zugänglich machen sollen: « Sprache und Schrift », Zs. f. Orthogr. I, Rostock 1880/81, « Die Verkommenheit der Mundarten », Arch. f. n. Spr. LVII (1877) 189—210. Manche eigentümliche Gedanken und die klare, lebendige Darstellung werden auch jetzt noch den Leser dieser Aufsätze anziehen und fesseln.

Wilhelm Mankel.

Auf dem Gebiet der elsässischen Dialektforschung ist auch W. Mankel thätig gewesen; seine Bearbeitung einer elsässischen Mundart sichert ihm einen bleibenden Anspruch auf unseren Dank.

Wilhelm Mankel war geboren am 16. August 1831 zu Wachenbuchen in Hessen, im jetzigen Regierungsbezirk Kassel. Sein Vater war Förster. Seine Ausbildung erhielt er auf der Oberrealschule in Hanau, wo er auch von 1855 bis 1860 als Lehrer an der Bürgerschule thätig war. Am 4. Juli 1858 verheiratete er sich mit Amalie Langsdorf, der Tochter eines Lehrers, die ihn nach langer glücklicher, wenn auch kinderloser Ehe überleben sollte. 1860 an die Realschule zu Hanau übergegangen, kehrte er von 1864 ab zu den Studien zurück und hörte von Ostern 1863 bis 1864 in Paris die Vorlesungen an der Sorbonne und am Collège de France; bezog dann von 1864 bis 1866 die Universität Marburg und sah sich hier insbesondere durch den Sprachforscher Justi gefördert. 1866 ward er als ordentlicher Lehrer an der Realschule in Hanau angestellt, wirkte von Ostern 1874 bis Herbst 1875 an der höheren Bürgerschule zu Frankfurt a. M., hierauf ein halbes Jahr an der Sekundärschule zu Winterthur, ward 1876 an der Realschule zu Münster im Oberelsass angestellt und ging von hier aus zu Ostern 1882 an die Realschule zu St. Johann in Strassburg über. Am 28. Januar 1889 raffte ihn eine rasch sich entwickelnde Brustkrankheit hinweg. An seinem Grabe sprach Herr Direktor Wingerath mit vollster Anerkennung von der ausgezeichneten Treue und Gewissenhaftigkeit, mit welcher Mankel sein Lehramt verwaltet hatte.

Dieser Zug gewissenhafter Sorgfalt ist nun auch den wissenschaftlichen Arbeiten Mankels eigen. In Münster hatte er im Auftrage der Realschule zwei Schriften veröffentlicht: eine Festrede zu Kaisersgeburtstag, « Ueber die Treue in Sage und Dichtung des deutschen Volkes (Colmar 1877) », und eine Programmabhandlung, « Ueber das Sinnenleben und dessen Entwickelung zur Intelligenz » (Colmar 1877). Zugleich sammelte er in Münster den Stoff zu mundartlichen Arbeiten, die er in Strassburg vollendete. In den Strassburger Studien Bd. II. S. 113—284, auch in Sonderabdruck, Strassburg 1883, erschien: « Die Mundart des Münsterthales, grammatisch-lexikalischer Beitrag zur Erforschung der deutschen Sprache im Elsass.» Die grammatische Einleitung erweiterte Mankel zu einer «Laut- und Flexionslehre der Mundart des Münsterthales», welche er als Strassburger Doktordissertation 1886 drucken liess.

Die zuletztgenannten Arbeiten Mankels bieten eine treffliche, auch phonetisch höchst sorgfältige Sammlung des Sprachschatzes einer Mundart des Oberelsass, welche infolge ihrer Abgeschlossenheit eine besondere Reinheit und Fülle bewahrt hat. Im Wörterbuch ist mit erstaunlichem Fleisse alles zur Vergleichung herangezogen, was in verwandten Dialekten ebenfalls vorliegt. Eine auserlesene Bibliothek hatte Mankel sich zu diesem Zwecke selbst gesammelt.

So war er denn in vorzüglicher Weise vorbereitet zur Mitarbeit an einem Elsässischen Idiotikon, welches — mit Benutzung des von August Stöber lebenslang gesammelten Stoffes — nach dem Muster hauptsächlich des neuen Schweizerischen Idiotikons geplant wurde. Diesen Plan entwickelte Mankel in einem anregenden, klaren und reichhaltigen Vortrag in der allgemeinen Versammlung unseres Zweigvereins 1887. Der Ausführung dieses Plans die ruhigen Tage des kommenden Alters zu widmen war seine Hoffnung. Sie sollte sich nicht erfüllen. Uns aber werden die sorgfältigen, schön geschriebenen Beiträge, welche er hinterlassen hat, immer wieder an den lieben, bescheidenen, tüchtigen Mitarbeiter erinnern.

Johannes Crüger.

Der dritte Mitforscher, dessen Tod wir beklagen, hatte seine Thätigkeit der Litteraturgeschichte zugewendet. Von den zahlreichen Arbeiten, die er noch in jungen Jahren veröffentlicht hat, bezieht sich nur ein Teil auf das Elsass; doch hatte er eine grössere Schrift über die Theatergeschichte des Elsass seit längerer Zeit vorbereitet. Ueber das Leben des Frühgeschiedenen hat dessen Vater gütigst folgende Mitteilungen gemacht. «Dr. Ferdinand Julius Johannes Crüger ist am 21. Juni 1861 zu Eisleben geboren. Sein Vater Dr. Joh. Crüger war damals erster Lehrer am Schullehrer-Seminar zu Eisleben, seine Mutter heisst Julie Crüger, geb. Boehr. Den ersten Unterricht erhielt der Knabe in der Stadtschule zu Oranienburg bei Berlin, wohin sein Vater als Direktor des Seminars zu Michaelis 1861 versetzt worden war. Von Michaelis 1872 an besuchte Johannes das Gymnasium zu Neu-Ruppin und verliess dasselbe mit dem Zeugnis der Reife Michaelis 1878; von der mündlichen Abgangsprüfung war er dispensiert worden. Er studierte sodann

Philologie auf der Universität Leipzig von Michaelis 1878 bis
Mich. 1879, zu Strassburg von Mich. 1879 bis Mich. 1880, zu
Leipzig von Mich. 1880 bis Ostern 1881, zu Bonn von Ostern
1881 bis Ostern 1882, und nachdem er einige Monate lang die
Bibliothek zu Zürich durchforscht hatte, zu Strassburg von
Michaelis 1882 bis Ostern 1883. Am 29. Juli 1883 wurde er
hier nach bestandenem Colloquium und auf Grund der Pro-
motionsschrift «Der Entdecker der Nibelungen» zum Doktor
der Philosophie promoviert. Nachdem er am 1. August 1884 das
Examen pro facultate docendi bestanden hatte, leistete er sein
Probejahr von Michaelis 1884 bis Michaelis 1885 am Lyceum
zu Strassburg und wurde am 1. April 1885 Adjunkt an dieser
Anstalt. Am 21. September 1885 trat er am protestantischen
Gymnasium als wissenschaftlicher Hilfslehrer ein. Im Anfang
des Jahres 1888 hat er viel an einem schmerzhaften Rheuma-
tismus gelitten, kam in den Sommerferien krank im elterlichen
Hause zu Neu-Ruppin an und fiel aus einem gastrischen Fieber
in eine Darmkolik, dann wieder in ein gastrisches Fieber. Im
Oktober gestaltete sich die Krankheit zu einer mit hohem
Fieber verbundenen Gehirnentzündung; anfangs November trat
ein Schlaganfall ein, durch welchen die Zunge und die rechte
Seite des Patienten gelähmt wurden. Die Lähmung verbreitete
sich langsam weiter, lichte Augenblicke waren selten. Der
Tod trat ein am 27. Februar 1889. »

Diesem Berichte des Vaters darf wohl hinzugefügt werden,
dass Dr. Crüger im persönlichen Verkehr sich durch frisches,
frohes Wesen, durch Freundlichkeit und Gefälligkeit zahlreiche
treue Freunde erworben hat, und dass seine unermüdliche
Arbeitslust und Arbeitskraft wahre Achtung einflössen musste.
Seine wissenschaftliche Neigung und Begabung ging dahin, das
was man neuerdings «Archive der Litteratur» genannt hat,
jene handschriftlichen Sammlungen von Briefen, von unge-
druckten Litteraturwerken oder Entwürfen dazu, an das Licht
zu ziehen und für die Litteraturgeschichte nutzbar zu machen.
Zuerst gedachte er die Dichtungen des Göttinger Hainbundes
in dieser Weise zu behandeln; allein es gelang ihm nicht, sich
das Material vollständig zugänglich zu machen, und so erschienen
als Ergebnisse dieser Studien nur einzelne, noch dazu meist
erst später veröffentlichte Artikel: 1) Zwei Vossische Gedichte
in früherer Fassung. Archiv f. Litt. Gesch. XI (1882) S. 449
bis 453; 2) Das erste neuhochdeutsche Minnelied. Zs. f.
deutsche Philol. XVI (1884) S. 85—88; 3) Bundesbuch und
Stammbücher des Hains: Akadem. Blätter S. 600—605 (1884);
4) in der Vierteljahrsschrift f. Litt. Gesch. soll demnächst
erscheinen Halms «Hölty». Weit ergiebiger erwies sich der in

Zürich aufbewahrte Nachlass von Bodmer und Breitinger, und
insbesondere die auf die altdeutschen Studien der Schweizer
wie ihres Gegners Gottsched bezüglichen Aufsätze Crügers
haben volle Anerkennung gefunden: 5) Der Entdecker der Nibelungen (Diss.), Frankfurt a. M. (1883); 6) Die erste Gesamt-
ausgabe der Nibelungen, Fkf. a. M. (1884); 7) Briefe von
Schöpflin u. a. Strassburger Gelehrten an Bodmer und Breitinger: Strassb. Stud. 2 (1884) S. 440—498; 8) Bodmer, Stadtvogt Renner in Bremen, Wiedeburg in Jena: Zs. f. d. Philol.
XVI (1884) S. 197—221. Mehr die allgemeine Litteraturgeschichte betreffen: 9) Die Recension: Vier kritische Gedichte
von J. J. Bodmer, hg. v. Bächtold: Arch. f. Litteraturgesch.
XII (1884) S. 488—502; 10) Zwei Wielandbriefe: Arch. XIII
220—228 (1885); 11) Ein Stück des Messias in erster Fassung:
Arch. XIII (1885) S. 411—413; 12) Bodmer und Goethe
1773—1782: Goethejahrbuch V (1884) S. 117—216; 13) Ein
grösseres, zusammenfassendes Buch: Joh. Christ. Gottsched
und die Schweizer J. J. Bodmer und J. J. Breitinger hg. v.
J. Crüger in Kürschners Deutsche Nationallitteratur, 42. Bd.,
Berlin u. Stuttgart o. J.; 14) Aus Handschriften der Strassburger Bibliothek stammt: Zu den Briefen von Christiane Goethe
an Nic. Meyer, Goethejahrbuch VII (1886) S. 304, 305. Ich
reihe hier noch an 15), 16), 17) Miscellen: Akadem. Blätter
S. 548—550; Anz. z. Zs. f. d. Alt. X (1884) S. 275—278;
XI (1885) S. 179, 180; und ferner 18) eine halb scherzende
Polemik gegen Combes Types de la littérature allemande, Grenz-
boten 1888, I. 125—136; 172—180. Was noch zu nennen
ist, gehört der elsässischen Litteratur- und Kulturgeschichte
an: 19) Ein Brief von 1782 über Strassburger Zustände (Ca-
gliostro): Els.-Lothr. Landes-Zeitung, Dez. 1882; 20) Englische
Komödianten in Strassburg vor dem Ende des 30jährigen Kriegs,
Strassb. Post 1886 N. 359—361; 21) Englische Komödianten
in Strassburg: Arch. f. Litt. Gesch. XV (1887) S. 113—125;
22) Der Schwerttanz in Strassburg: Strassb. Post (1888) N. 295;
23) Zur Strassburger Schulkomödie (Calaminus): Festschrift
zur Feier des 350jährigen Bestehens des protest. Gymn. (1888)
S. 305—354; 24) Das Strassburger Theater von der Refor-
mation bis zum 30jährigen Krieg: Vortrag (auszüglich) in den
Verhandlungen der 39. Versammlung deutscher Philologen und
Schulmänner zu Zürich: Leipzig 1888, S. 186—189.

Ich schliesse, indem ich dankbar bemerke, dass bei dieser
Zusammenstellung Herr stud. Hermanny mir behilflich war,
ebenso wie für Kräuters Arbeiten einer seiner ehemaligen
Schüler, Herr J. Dreyfuss, mir zur Hand gegangen ist.

X.

Volkstümliche
Feste, Sitten und Gebräuche
in Elsass-Lothringen.

1888.

Die diesjährigen Mitteilungen verdanken wir zum grössten Teil den Steuerkontroleuren Herrn J a n s e n, früher in Rothau, jetzt in Molsheim, und Herrn S c h r a d e r, früher in Molsheim, jetzt in Bischweiler. Ferner steuerten bei die Herrn Oberlehrer Dr. v. D a d e l s e n in Gebweiler und Forstassessor B a r g m a n n in Rothau. Herr Regierungsbaumeister B ü h l e r sandte uns das wertvolle Trachtenbild aus dem Münsterthale, das den Band schmückt. Möchten unsere Mitglieder auch fernerhin offen Auge und Ohr für das Volksleben haben und durch Aufzeichnen zu retten suchen, was noch zu retten ist.

Neujahr.

Kleeburg (Kreis Weissenburg). — Das Jahr wird angeschossen. Neujahrsgruss: Ich wünsch Dir ein glückseliges neues Jahr und alles, was Dir lieb ist. — Ich wünsche Dir desgleichen. Die Kinder erhalten von ihren Paten Wecken.

Stossweier (Kreis Colmar). — Die Kinder sagen den Glückwunsch: I weisch eich e güets neis Johr, viel Glüeck, G'sundheit un e langs Läwe, das eich der lieb Gott möcht gäwe.

Odratzheim (Kreis Molsheim). — Die Kinder wünschen ihren Paten das Neujahr und werden beschenkt.

Mariä Lichtmess (2. Februar).

Saales (Kreis Molsheim). — Von Mariä Lichtmess bis ersten Fastensonntag wird «Ménage» gemacht; die Burschen schleichen sich in die Küchen und verstellen sämtliche Küchengeräte. Wird man überrascht, so schwärzt man mit den absichtlich russig gemachten Händen dem Störer das Gesicht.

Petri Stuhlfeier (22. Februar).

Dangolsheim (Kreis Molsheim). — Zur Erinnerung an die Vertreibung der Juden aus der Gemeinde durchziehen die Schulkinder das Dorf und rufen: «Kroten und Schlangen laufen ins Taterle Hosen herum!»
Die Kinder erhalten von den Leuten Nüsse und andere Kleinigkeiten. Kein Jude lässt sich an diesem Tage im Dorfe sehen.

Fastnacht.

St. Blaise (Kreis Molsheim). — Es brennen Fastnachtfeuer. Früher wurden glühende Rädchen mit Gerten in die Luft geschleudert. Man ruft die Paare beim Feuer aus.

Sonntag nach Fastnacht (Kiachlesonntag).

Saales (Kreis Molsheim). — Am Sonntag nach Aschermittwoch werden auf einem Hügel grosse Feuer, «bures» genannt, angezündet; um dieselben tanzen Burschen und Mädchen singend herum.

Schirmeck (Kreis Molsheim). — Auf den Höhen brennen Feuer, «feir des birs» genannt. Es werden Scheiben geschlagen und Paare ausgerufen.

Odratzheim (Kreis Molsheim). — Es werden Küchle gebacken. Es brennt abends ein grosses Feuer. Die Knaben ziehen, nachdem das Feuer niedergebrannt ist, mit brennenden Fackeln und singend in das Dorf zurück.

Sulzbad (Kreis Molsheim). — Das Kiachlelied wird am ersten Sonntag in der Fastenwoche gesungen. Das Küchelbacken ist fast in Vergessenheit geraten. Die Gaben, die man den singenden Kindern giebt, bestehen meistenteils aus Obst. Früher war es Sitte, am Mittag nach der Vesper die «Schürwacke» zu schlagen. Dieselben waren runde Holzstücke, die durchbohrt mit Hilfe einer Gerte brennend den Berg herab geschnellt wurden.

> D' Schürwacke hanmer geschlaje,
> 's Kiachele wellemer hole.
> ·/. Veiele, Rose, Bliamele.
> Mer senge um des Kiachele.
> Kiächele arüs, Kiächele arüs.
> Wensche Gleck en ejer Hüs.
>
> Der Herr het a schener Schopf,
> Owene nof drowe ne a schener Knopf.
> ·/. Veiele, Rose, Bliamele etc.

Der Herr het a schene Käller,
Ar haugt ganz voll Moschgadaler.
·/. Veiele, Rose, Bliamele etc.

Der Herr het a schener Hund,
Ar esch ganz köjelrund.
·/. Veiele, Rose, Bliamele etc.

Mer stehen of em a kalte Stein,
Gan is a Kiächele, no genner heim.
·/. Veiele, Rose, Bliamele etc.

Gressweiler (Kreis Molsheim). — Es werden Scheiben geschlagen.
Stossweier (Kreis Colmar). — Die Schulbuben ziehen umher und
sammeln « Fastnachtkichle », indem sie dabei singen :

« Kiechle nûs, Kiechle nûs,
Oder i schla' e Loch ins Hüs. »

Die Küchle werden an lange Stöcke gesteckt.

Mollkirch (Kreis Molsheim). — Noch vor wenigen Jahren braunte
ein grosses Feuer, wurden Scheiben geschlagen und wurden die
Paare ausgerufeu.

1. April.

Saales (Kreis Molsheim). — Am 1. April, dem sogenannten Tage
des «poisson d'avril», und vierzehn Tage vor dem 6. Dezember gehen
abends die grösseren Knaben in Bischofskleidern von Haus zu Haus
mit einem aus Stroh verfertigten Esel.

Anfang Mai.

Bolchen (Kreis Bolchen). — In einzelnen Orten des Kreises, wie
Hessdorf, Falck, Machern, ziehen anfangs Mai die jungen Mädchen
in die Ortschaften und von Haus zu Haus, singen geistliche Lieder
und sammeln Beiträge für die Marienandacht.

Ostersonntag.

Saales (Kreis Molsheim). — Am Ostersonntag werden die kleinen
Kinder vom Priester in der Kirche öffentlich gesegnet.

Christi Himmelfahrt.

Steinthal (Wildersbach, Kreis Molsheim). — Am Tage vor Christi
Himmelfahrt treffen sich viele Leute aus dem Steinthale auf den
freien Berghöhen. Dort wird bei lodernden Feuern und Musik ge-
schmaust und begrüssen sich alte Bekannte, die sich oft das ganze
Jahr nicht gesehen haben. In früheren Zeiten waren mit diesem Feste
auch Spiele verbunden, wie Springen, Ringen, Wettlaufen u. s. w.
Die Sieger erhielten Preise, oft wurden sogar dem einen oder andern
Triumphbogen gebaut. Das Fest hat an Bedeutung nachgelassen; doch
finden noch jetzt Zusammenkünfte statt, besonders auf dem Berg-
sattel zwischen Wildersbach und Waldersbach, genannt «Berheux"
(Berghöhe?), und zwar an dem Platze, auf dem Oberlin seine Predigten öfters zu halten pflegte.

Pfingsten.

Kleeburg (Kreis Weissenburg). — Die Schulbuben durchziehen den Ort, um Eier und Speck zu sammeln. Einer von Ihnen, mit geschwärztem Gesicht und mit Stroh umwunden, erbittet die Gaben; die andern rufen:

> Speck und Eier heraus!
> Sonst schicken wir den Martel ins Hühnerhaus!

Am Abend werden die Gaben in einem befreundeten Hause verzehrt.

Pfingstmontag.

Dangolsheim (Kreis Molsheim). — Am Pfingstmontag wird alljährlich ein Knabe vollständig mit Stroh oder Ginster umwickelt. Dieser, «Pfingstesel» genannt, wird an einem Seil von der Dorfjugend von Haus zu Haus geführt und dabei folgender Spruch hergesagt:

> Guten Morgen beisammen!
> Da haben wir einen stockblinden Mann,
> Der niemand sehen kann.
> Droben im Elmer Forst
> Hat er seinen Horst.

Er hat seine Zähne an einem alten Eichbaum ausgebissen und kann nichts fressen als Eier und Speck und Wein saufen. Wir sind schon bei vielen Doktoren gewesen, und sie haben uns geraten, wir sollen ihn in weissem und rotem Wein baden. Ja, ja, ja!

Darauf erhalten die Kinder von den Leuten Eier, Speck oder Wein. Am Abend wird das Gesammelte gemeinschaftlich verzehrt.

Odratzheim (Kreis Molsheim). — Auch hier wird der «Pfingstesel» herumgeführt und Gaben gesammelt.

Johanni (24 Juni).

Sulzbad (Kreis Molsheim).

> Kanzti (Johannis) han a Fier,
> Kanzti han a Stier,
> Kanzti han a Peternall,
> Gän is aui a Rawall.

Am Abend des Johannistages wird das Kanztlied von den Knaben gesungen. Sie gehen von Haus zu Haus und erhalten eine «Rebwelle». Ursprünglich sammelte man nur das Holz von den Reben, das im Frühjahr abgeschnitten war, jetzt nimmt man auch anderes Holz. Früher war es Sitte, an den vier Ausgängen des Dorfes je ein Feuer abzubrennen, jetzt wird nur eins abgebrannt. Das ganze Dorf ist darum versammelt. Sobald das Holz verbrannt ist, springt alles über den Gluthaufen.

Gressweiler (Kreis Molsheim). — Es brennen Johannisfeuer.

Trinitatis.

Saales (Kreis Molsheim). — Am Feste Trinitatis lässt jedes Haus vom Priester Salz weihen.

Andreastag (30. November).

Gebweiler (Kreis Gebweiler). — Um die Beschaffenheit des zukünftigen Gatten zu erfahren, wird von den Mädchen folgender Brauch geübt. Das Mädchen lässt sich von einer jungen Witwe einen Apfel schenken, zerschneidet denselben in zwei Hälften und isst die eine davon. Die andere nimmt sie abends mit in das Bett und spricht vor dem Einschlafen die Worte:

> Heiliger Andreas, i bitti
> Ins Bett tritti,
> Zeig' mir diese Nacht
> Mein Herzallerliebst
> In menschlicher Gestalt,
> Ist er jung oder alt.

Zeigt ihr dann der Traum einen Geliebten, wie sie ihn sich wünscht, so reibt sie sich am Morgen mit der Apfelhälfte den Nabel ein.

1. Dezember.

Saales (Kreis Molsheim). — In der Nacht vom 30. November zum 1. Dezember kochen die jungen Mädchen den Spüllappen auf und glauben in dem aus dem Topfe aufsteigenden Dampf das Gesicht ihres zukünftigen Freiers erkennen zu können.

St. Nikolaus.

St. Blaise (Kreis Molsheim). — Aeltere Buben verkleiden sich als St. Nikolaus, reiten auf einem Esel durch das Dorf und belohnen die guten, bestrafen die bösen Kinder.

Odratzheim (Kreis Molsheim). — Aeltere Burschen durchziehen maskiert das Dorf, belohnen die guten, bestrafen die bösen Kinder.

Weihnachten.

Kleeburg (Kreis Weissenburg). — Ein als Christkind verkleidetes Mädchen geht herum und beschenkt die Kinder.

Stossweier (Kreis Colmar). — Christkindle und « Pickesel » ziehen herum, belohnen die artigen und bestrafen die bösen Kinder.

Mollkirch (Kreis Molsheim). — In der Christnacht bekommt das im Hause befindliche Vieh vor Mitternacht Futter, damit es während der feierlichen Stunde nicht schlafe.

Sylvesterabend.

Stossweier (Kreis Colmar). — Das Neujahrschiessen nimmt ab. Man spielt in der Nacht grosse, sogenannte « Neujahrswecken » und « Brettstellen » aus.

Saales (Kreis Molsheim). — In der Neujahrsnacht stellt jeder junge Bursche vor das Haus seines Mädchens ein junges, mit Bildern und Bändern geschmücktes Tannenbäumchen.

Odratzheim (Kreis Molsheim). — Es werden grosse Brettstellen in der Nacht ausgespielt.

Taufe.

Grendelbruch (Kreis Molsheim). — Zu dem Kindstaufschmaus liefert der Taufpate den Wein, die Taufpatin Brot, Fleisch und Käse. Beim Imbiss erhält die Hebamme das grosse, sogenannte «Hebammeuglas». Bei der Rückkehr aus der Kirche wird über die Wohnstubenthür zugehalten und nur gegen ein Trinkgeld, das der Taufpate zahlen muss, geöffnet. Wird die Taufpatin ausgesegnet, so bringt der Taufpate den sogenannten « Kindbettenlaib ».

Hochzeit.

Kleeburg (Kreis Weissenburg). — Hochzeiten finden meistens Dienstags oder Donnerstags statt. Der Hochzeiter und die Hochzeiterin laden vierzehn Tage vorher zwei Burschen und zwei Mädchen, die Schmollburschen und Schmollmädchen genannt werden. Die Schmollburschen laden dann acht Tage vorher die ganze Freundschaft ein, die Schmollmädchen helfen drei Tage vor der Hochzeit bei den Zurüstungen. Beim Kirchgang führt der älteste Schmollbursche die Braut. Braut und Bräutigam müssen Geschenke an die Schuljugend geben, die Ketten über den Weg gespannt hat. Die Mädchen tragen Kränze auf dem Kopfe, die Burschen einen Strauss. Nach der Trauung schenkt die Braut den Schmolljungfern eine weisse Schürze mit breitem Band und Spitzen. Nach dem Essen, das sich lang hinzieht, wird getanzt. Die ersten drei Tänze tanzt das Brautpaar allein, den folgenden der Brautführer mit seinem Mädchen, dann darf alles tanzen. Am nächsten Tage wird im Hochzeitshause nochmals zu Mittag und Abend gegessen, bei reichen Leuten auch getanzt; ebenso am dritten Tage.

Gressweiler (Kreis Molsheim). — In der Kirche opfert die Brautjungfer für die Braut ein Taschentuch, welches sie beim Opfergange auf den Altar legt.

Westhalten (Kreis Molsheim). — Früher war es Sitte, dass jedes neuvermählte Paar auf der Allmend einen Obstbaum setzen musste. Noch heute steht auf dem Girste (Geierstein) eine grosse Anzahl von Obstbäumen, die bei solchen Anlässen gepflanzt wurden.

Wildersbach (Kreis Molsheim). — Bei Hochzeiten ist es heute noch Sitte und Brauch, dass gleich nach der Suppe eine zugedeckte Schüssel herumgereicht wird Mit dem Herumreichen beginnt man zur linken Hand von dem Sitze der Braut, so dass sie zuletzt in die Hände der Braut gelangt. Erst von Seiten der Braut wird die Schüssel geöffnet, um sich des darin befindlichen vermeintlichen Gerichts zu bedienen. Aber zum Erstaunen aller befindet sich nur eine Pitschel- (Wickel-) Puppe darin, womit das Sinnbild einer gesegneten Ehe angedeutet werden soll.

Die Braut lässt dann die offene Schüssel noch einmal im Kreise herumreichen, damit sich ein jeder Gast von dem Inhalt überzeugen kann, wobei er jedoch nicht vergessen darf, in die Schüssel zu der Puppe ein Geldstück in beliebiger Höhe zu legen. Das so gesammelte Geld wird aufbewahrt und gehört der eventuellen Erstgeburt als Taufgabe oder gleichsam als Notpfennig.

Carl Flemming in Glogau

Saales (Kreis Molsheim). — Es ist gebräuchlich, jedem uen-vermählten Paare in der Brautnacht die sogenannte Suppe zu reichen. Sie besteht aus Rotwein, Pfeffer, Salz, Oel, Essig, Asche u. s. w.; damit pflegt man sie im Bette zu überraschen.

Ist eines der Brautleute bereits verheiratet gewesen, so wird dem Brautpaare am Abend vor der Hochzeit eine Katzenmusik gebracht.

Todesfall.

Grendelbruch (Kreis Molsheim). — Stirbt jemand, so wird sofort der Spiegel mit einem Tuche verhangen, die Wanduhr zum Stehen gebracht, das Weinfass, die Sauerkrauttonne, die Bienenkörbe, die gefüllten Mehlsäcke und sonst ähnliche gefüllte Gegenstände gerüttelt und dabei der Name des Verstorbenen genannt.

Stirbt eine Frau im Kindbett, so bekommt sie Schuhe an, damit sie wieder zum Kinde kommen kann.

Engenthal (Kreis Molsheim). — Der letztere Gebrauch findet sich auch hier.

Börsch (Kreis Molsheim). — Derselbe Gebrauch.

Tracht.

Münsterthal. — Im oberen Münsterthal ist eine eigenartige Tracht, die jedoch im Schwinden ist (in Metzeral, Mühlbach, Breitenbach, Lutterbach, Stossweier, Sulzern, Hohrod). Die alte Tracht in ihrer Vollständigkeit und den lebhaften Farben — die jetzige kennt nur dunkle Farben — stellt die beigegebene Abbildung dar. Dieselbe ist von Herrn Baumeister Bühler, früher in Metzeral, nach einer noch im Besitze einer Familie befindlichen vollständigen Tracht gezeichnet. Die jetzige Tracht ist in dunklen Farben gehalten. Farben am Rocke giebt es nicht. Es werden zwei besonders grosse Taschen mit einer Schnur um den Leib befestigt. Der «Tschobed» (Jacke) ist am Halse ziemlich weit ausgeschnitten, sonst aber eng anliegend, und hat zwei sogenannte «Schnecken». Der ausgeschnittene Teil wird verdeckt durch ein grosses, zwei- bis dreimal um den Hals gewundenes Tuch. Das Haar ist in der Mitte auf den Kopf gewunden, bedeckt ist derselbe mit der «Näwelkapp», die mit ihrem «Lätsche», Seidenband, an den oberen Teil vorn geknüpft ist. Die beiden unteren Flügel der Kappe, an denen Bänder zum Knüpfen unter dem Kinn befestigt sind, bedecken die Ohren.

Kleeburg (Kreis Weissenburg). — Die jungen Burschen tragen Hosen und ein kurzes Wams aus schwarzem Tuch, ein weisses Hemd mit sehr hohem Kragen und ein schwarzseidenes Halstuch ganz schmal zusammengelegt und um den Hals gelegt. Schwarzen runden Hut. Die verheirateten Männer tragen einen dreieckigen Hut und einen langen, bis an die Knie reichenden Rock («Mutzen» genannt), vorn zwei Reihen Knöpfe, hinten fast bis an die Hüften aufgeschnitten; die beiden Teile heissen Zipfel. Sonst wie die Burschen. Die Mädchen tragen auf dem Kopfe eine schwarze Kappe («Nebel-kappe» genannt), jedoch nur bei dem Kirchgang, dann einen Mutzen,

der bis auf die Hüften reicht. Auf diesen Mützen wird von hinten
ein buntes Halstuch geheftet, das vorn eingesteckt wird. Schwarzer
Rock und schwarze Schürze, weisse Strümpfe und ganz niedere
Schuhe. Die Frauen tragen sich ebenso, nur dass sie kein buntes,
sondern ein schwarzes Halstuch tragen. Bei der Heuernte tragen die
Mädchen weisse Schürzen, keine Mutzen, die Hemdärmel bis zum
Ellbogen aufgebunden und über die Brust das » Leibel ».

Spinnstuben.

Kleeburg (Kreis Weissenburg). — Es werden Spinnstuben in der
gewöhnlichen Weise abgehalten.

Stossweier (Kreis Colmar). — Es werden Spinnstuben abgehalten,
man nennt es » z'quelten gehen ».

Griesheim (Kreis Molsheim). — Es werden Spinnstuben abgehalten.

Erdmännel.

Romansweiler (Kreis Molsheim). — Um die Kinder vor dem Erdmännel, das denselben Alpdrücken verursacht, zu schützen, werden
in das Wiegenseil drei Knoten gemacht; dieselben sollen die heilige
Dreieinigkeit bedeuten und das Erdmännel verscheuchen.

Aberglauben.

Mollkirch (Kreis Bolchen). — Zieht ein Gewitter über das
Dorf, so verbrennt die Hausfrau ein geweihtes Kränzlein oder einen
Palmzweig, um dadurch die Gefahr des Einschlagens abzuwenden.

Wenn im Hause ein Buchfink (Rotbrüschtl) nistet, so giebt die
Kuh rote Milch.

Wer am 10. August (Lorenzius) zwischen 11 und 12 Uhr mittags
in der Erde gräbt, findet kleine Kohlen, die das Haus vor Hexen
schützen.

Im Sternbild der Jungfrau säen die Leute nicht, weil sie glauben,
dass die Pflanzen falsch blühen und deshalb keine Frucht bringen.

Wenn die Bohnen am Urbanustag gepflanzt werden, so gedeihen
sie und tragen reichlich.

Wenn es in der Kirche Wandlung läutet und zu gleicher Zeit
die Uhr schlägt, so sagen die Leute: Jetzt stirbt bald jemand im
Dorf.

Kinder, die an den Fronfasten zur Welt kommen, sehen auch
an den Fronfasten des Nachts Geister.

Saales (Kreis Molsheim). — Nach Läuten der Abendglocken wird
Milch nur dann über die Strasse getragen, wenn sie vorher etwas
Salz erhalten hat.

Rosenweiler (Kreis Molsheim). — In der Fasten- und Adventzeit
zeigt sich öfters in den engen Gassen und Schlüpfen das sogenannte
Zotteltier, das die Späteingehenden verhext, irreführt und viel Unheil
anrichten kann.

Hat jemand junge Schweine gekauft, so nimmt er sie zuvor in
die Stube, tränkt sie mit Milch und führt dieselben dann erst rückwärts schreitend in den Stall. Dadurch schützt er sie vor den Hexen.

Nach der Betglocke wird von vielen Weibern keine Milch mehr
über die Gasse verabreicht, weil sonst die Kühe verhext werden.

Läuft in der Nacht jemandem eine Katze über den Weg, so soll
man einen anderen Weg einschlagen, oder wenn dies nicht möglich,
neben dem Weg gehen, sonst verirrt man sich.

Ballbronn (Kreis Molsheim). — W a r z e n v e r t r e i b e n. Um
Warzen zu vertreiben, wird folgendes Mittel angewendet. Ist man in
der Kirche und sieht, dass zwei Personen miteinander schwatzen, so
fährt man dreimal mit der Hand über die Warze und spricht dabei:

Was ich seh', das ist eine Sünd',
Was ich streiche, das verschwind'!
Im Namen Gottes des Vaters, des Sohnes und
des heiligen Geistes.

Z i m m e r m a n n s s p r u c h. Nach Aufschlagung eines neuen
Hauses sagt der Zimmermann vom Dachfirst herab den Zimmermanns-
spruch, leert ein Glas Wein und wirft es hinab. Zerbricht dasselbe
nicht, so bedeutet es Unheil für das Haus.

Börsch (Kreis Molsheim). — Verirrt man sich im Walde, so soll
man die Schuhe wechseln.

Ballbronn (Kreis Molsheim). — R a u p e n v e r t r e i b e n. Setzen
sich im Herbst Raupen auf den Kohl, so soll, wenn zufälligerweise
in der Nähe Kilbe ist, die Hausfrau dort unangeredet einen neuen
Reisbesen kaufen, damit in den Garten gehen, den Kohl damit
kehren und dabei sprechen: « Ier Rübbe gehen uf de Kilb, ier Rübbe
gehen uf de Kilb », so werden die Raupen verschwinden.

Westhofen (Kreis Molsheim). — B a u m p f l a n z e n. Wurde ein
Obstbaum gesetzt, so nahm man einen Knaben mit, gab diesem nach
erfolgtem Setzen eine Ohrfeige und erklärte demselben auf Befragen:
« Du sollst daran denken ! »

Ueber der Stallthüre war immer ein mit den Reisern gegen die
Thüre gekehrter Besen angebracht zur Fernhaltung von Hexen.

An einem Mittwoch zur Welt gekommen Schafe wurden nicht
aufgezogen.

Vor ungefähr 50 Jahren war es bei den Juden Brauch, dass das
Vieh, das an einem Sabbath geboren wurde, entweder nach Frankfurt
gebracht oder an einen Andersgläubigen verschenkt werden musste.

Witterungswechsel.

Grendelbruch (Kreis Molsheim). — «Hört man im Falkensteinwald
das Hündlein bellen und sieht man im Grendelbruchthal das Feuer
brennen, so tritt langanhaltendes Regenwetter oder grausiges Schnee-
gestöber ein.» Allgemein wird angenommen, dass das Hündlein, das

viele gesehen haben wollen, ein verwunschener unehrlicher Wald-
hüter sei.

Spruch.

Ballbronn (Kreis Molsheim).

Ein Mädchen, das pfeift,
Und ein Huhn, das kräht,
Sind beide nichts wert.

XI

Chronik für 1888.

29. Januar: Graf Ferdinand Eckbrecht von Dürckheim, Verf. von « Lillis Bild» (Nördlingen 1879) und der «Erinnerungen alter und neuer Zeit», II (Stuttgart 1887), stirbt 65jährig zu Schloss Edla in Oesterreich.

5. März: Professor Ohleyer in Weissenburg, geb. 20. Juni 1816, hochverdient um die Geschichte und um die Wiederherstellung des Doms zu Weissenburg, stirbt ebenda.

18. März: Trauerfeier für S. M. Kaiser Wilhelm I.

8. April: Eröffnung des städtischen Kunstgewerbemuseums in Strassburg.

15. Juli: Einweihung des auf Kosten von Herrn Sengenwald erbauten Glockenturms der Neuen Kirche zu Strassburg.

24. Juni: Trauerfeier für S. M. Kaiser Friedrich III.

1. 2. August: Jubelfeier des 350jährigen Bestehens des protestantischen Gymnasiums zu Strassburg.

13. Oktober: Oberlehrer Waldner an der Realschule zu Wasselnheim, geb. 26. März 1836 zu Basel, Vorsteher der botanischen Sektion des V. C., stirbt zu Mannheim (s. Progr. der Realschule zu Wasselnheim 1888).

26. Oktober: Gœthes Bildnis wird in einer Reproduktion von W. Eberbach an dem von Gœthe 1770—1771 bewohnten Hause zu Strassburg (Alter Fischmarkt 36) angebracht.

7. November: Hägeli, Pfarrer zu Nordheim, Verf. von Dramen für Jünglingsvereine, stirbt 48jährig.

17. November: Johannes Thomas Mangold, Pastetenbäcker zu Colmar, Dichter der «Colmererditsche Komedi» (1878), stirbt (geb. 1816).

19. Dezember: Der Rösselmanns-Brunnen in Colmar, ein Werk des Bildhauers Bartholdy, wird durch den Verschönerungsverein der Stadt Colmar übergeben.

XII.

Sitzungsprotokolle.

Vorstandssitzung.

11. November 1888, im städtischen Kunst-Gewerbe-Museum.

Anwesend: die Herren Barack, Erichson, Franke, Martin, Mündel, Schricker, Wiegand. Ihr Ausbleiben haben entschuldigt die Herren Hering und Luthmer.

Die Mitteilungen für die General-Versammlung werden vorbereitet sowie einige für das Jahrbuch eingelaufene Arbeiten vorgelegt und zur Berichterstattung verteilt.

Die nächste Vorstandssitzung wird auf Freitag den 28. Dezember anberaumt.

Es folgt die

Allgemeine Sitzung.

Prof. Martin eröffnet die Sitzung und erstattet den Rechenschaftsbericht über die Entwickelung des Zweigvereins im abgelaufenen Jahre. Die Mitgliederzahl betrug 1029.

Die Kasse ergab einen Ueberschuss von ℳ 109.

Der Kassenbericht des Herrn Mündel wird von zwei Mitgliedern der Versammlung geprüft und richtig befunden.

Herr Museums-Direktor Dr. Schricker hält einen Vortrag über die Entstehung und Entwickelung der Kunst-Gewerbe-Museen sowie über ihre Dienste für das Kunsthandwerk und führt dann die Anwesenden durch die Sammlungen des Museums.

Zum Schluss wird der bisherige Vorstand durch Acclamation wiedergewählt.

Nach der Sitzung vereinigen sich die auswärtigen Mitglieder mit mehreren hiesigen zum Mittagessen in der Bahnhofs-Restauration.

Vorstandssitzung.

28. Dezember 1888, im Bezirks-Archiv.

Anwesend : die Herren Barack, Erichson, Harbordt, Ihne, Martin und Wiegand.

Ihr Ausbleiben haben entschuldigt die Herren Euting, Franke, Herrenschneider, Mündel, Rathgeber und Schlumberger.

Die für das Jahrbuch 1889 eingelaufenen Beiträge werden vorgelegt und zur Berichterstattung verteilt.